RI 300

看新聞做投資，
當自己的分析師

林洸興◎著

高寶書版集團

目錄

一、絕望篇——善意的垃圾訊息

二、邪惡篇——惡意的分析資訊

當自己的分析師

我在外資金融業十幾年，看遍無數的股市投資者，發現一個很有趣的現象。

大部分的股市投資者，都喜歡研究基本面分析、技術分析，講起投資公司的背景、行業狀況及前景，每個人都有一套自己的想法與邏輯，但是我們統計過在股市真正賺到錢的人，一百個人中其實不到幾個人，這樣的結果令人訝異，為什麼呢？

我們都知道股市是一個對訊息相當敏感的地方，一則看似不重要的新聞，往往會影響到某些股票未來的股價，投資股市光是了解基本面及技術面是不夠的，重要的是，你能不能對一些股市的相關新聞及訊息，做出最正確的解讀。

大家常說外資對台股操作很神，外資對某些股票的進出，常被許多投資人視為重要的投資參考指標。其實外資操作股票並非大家想像的那般厲害，除了重視所投資股票的基本面外，外資更重視任何影響股價的利多消息或是利空消息，並能對一些公司釋出的新聞及訊息做出正確判斷，這是外資厲害的地方。

許多台灣人喜歡看電視、看新聞、聽分析師建議去買股票，殊不知股票市場上往往就是人性最黑暗、最貪婪面相的縮影，報導消息及放消息的人並不需要為你的賠錢負責，但一般投資

人卻很容易受股市新聞所影響。

　　財經新聞需要研判真假，某則新聞可能只是某檔股票公司派為了掩飾重大虧損而刻意放出來的利多消息；有時則可能是特定產業出現重大危機的前兆；有時卻是某檔股票主力或是炒家利用發布利空新聞來趁機吃貨，或以利多新聞來趁機倒貨的手法。要戰勝這些市場上的險惡，你必須有良好的新聞解讀能力及消息判斷能力。

　　公司股價的未來走勢和許多因素環環相扣，尤其是一些容易被股票投資人忽略的新聞，往往是一家公司股價大幅變動前的蛛絲馬跡。例如：一則中國紅色供應鏈崛起的新聞，看似它發生在中國，卻已讓台灣的 IC 設計產業股價黯然失色。人民幣貶值新聞，讓外資開始對台灣金融業未來的獲利表現感到擔憂，造成金融類股的股價一直跌落；一則台灣電子業外銷不如預期的新聞，也反映出台灣相關電子代工產業已開始放無薪假，股價下跌因此套牢不少投資人。

　　新聞影響到股價未來的走勢是無庸置疑的。如何「看新聞做投資，當自己的分析師」，對各種新聞做出最正確判斷，不被馬路消息所誤導，不被不實新聞牽著走，不妨多多培養自己成為股市分析師的功力，藉由對財經新聞的正確解讀，發現某些投資端倪，我相信一定可以增加你在投資市場上獲勝的機率。

　　　　　　　復旦大學兼任副教授、理財作家　郭俊毅

投資能有趣，只要你能解讀判斷財經新聞

對國內外財經新聞具獨到見解，且其觀點皆有令人信服的分析基礎，是我對洸興兄的評價。

個人因工作職務所需，故常與國內外金融界不同領域的人接觸，多年前因節目需找一位對美股投資及全球財經趨勢分析的高手來當節目來賓，在業界友人的介紹下認識了洸興兄，而開啟了這段亦師亦友的情誼。

無庸置疑，本書中對於部分財經媒體為追求更高收視或更多的點閱率，往往以聳動的標題，更甚至倒因為果的方式來做新聞報導的觀察，確實是媒體界為人詬病的現象。尤以近年來因毫不在乎媒體自身品牌價值及予人的信任度，只為賺取短期流量而崛起的新媒體最為常見，但這也是網路時代所無法逆變的，放眼全球皆然。

不過投資人應該就此因噎廢食地拒絕所有的財經新聞及資訊嗎？個人認為絕對不是，正確的作為應是除了選擇長期具報導品質及口碑的財經媒體外，訓練自身對於財經新聞或訊息分析及判斷的能力，更為重要。

畢竟在全球村的時代，全球經濟脈動相連往往牽一髮動全

身，就算是遠在千里之外的一個財經脈動、產業發展，在經過
正確的分析決策下，也很有可能就是能幫你賺取大筆報酬的重
要線索！

　　因此，我推薦大家《看新聞做投資，當自己的分析師》這
本好書，你將發現擁有了財經新聞解讀以及判斷的能力後，原
來投資是這麼的有趣！

三立財經台節目製作人　溫俊瑋

分析師，我該怎麼解釋今天的狀況？

　　我主跑證券金融新聞，每天 9 點台股開盤後，面對紅紅綠綠的電視牆，標題這段話，是我採訪分析師時的開場白。為求解釋行情，於是我們一同命題，一起為這或漲或跌的走勢，想理由。我們沒有憑空杜撰，我們會根據總經、財報、產業訊息，找出盤勢走向的合理解釋，但老實說，我們有時候看到的，真的也只是當下的可能，但往往金融走勢，價先行，理由呢？可能要過陣子才會知道。

　　而這也就是作者書中寫的，投資人有時過段時間回來檢驗新聞時，會發現失真的原因。

　　「我這本書走一個暗黑路線，我很想知道你看完有什麼感覺！」這是洸興哥請我寫推薦序時的說法。看完書後，我終於懂這句話的意思，因為我有種被踢館的感覺。

　　首先，我非常認同書中所說，投資人看新聞，最該看的言論來自於：1. 該領域的決策者（例如張忠謀談半導體）、2. 手握資金的現役投資經理人。

　　不過書中寫到：不要理會 xx 首席分析師、xx 副總裁。我又不得不幫自己工作說句話，其實身為財經記者，xx 題目找 xx 來說，我們手中握有一定的主導權，我們也有一套的篩選機制，

採訪過後對照金融行情後續走勢，總能洞燭先機的專家，自然成為我們邀訪的口袋名單，看趨勢偏得離譜的人，我們自然也會刪除。

所以如果你問我，財經新聞裡的專家到底可不可信？我會說：親愛的，記者真的沒有這麼邪惡，請放心服用吧！

最後，書中提到：華爾街已經設計出專門寫財經新聞的程式，但好險兩方 PK 的結論是：真正記者寫的文章品質，最終大勝程式文章。話雖如此，我還是非常認同作者一直強調的：財經新聞，終究只是消息來源的取得管道之一，你需要獨立思考的能力，做自己的分析師，這本書會教你怎麼做，誠摯推薦此書。

非凡新聞證券金融記者、主播　葉芷娟

看新聞做投資，看出歷史的腳步

在林洸興出第一本書時，我並不認識他，但讀了他書的內容，非常欣賞他，二話不說邀他上我主持的廣播節目，也因此認識了洸興。當時書的重點放在分析法人籌碼及教大家如何選股，像每天的法人買賣超，網路都查的到，我自己就是曾主跑外資及投信新聞的記者，天天要寫這些內容，聊來特別有感。

後來我自己也出了書，寫的是「基金贏家一百招」，裡面有很多我自己的故事，談的就是看新聞找買賣基金的線索，與洸興這本最新大作《看新聞做投資》又志同道合，看來洸興和趙姐我都有一個共同的想法，網路公佈的資訊、報上的新聞、都隨處可得，別認為投資理財是難事，投資人只要利用公開且簡單的方法，一樣可以找到投資方向。

想起我第一次買美金賺錢，就是看新聞得來的，好玩的是我看的還是影劇版，不是財經版，大家還記得金融海嘯時美金走貶，連影劇版記者都拿來做話題，有國際名模收酬勞不要美金要歐元，有一則新聞是報導台灣的綜藝大哥大受訪說，之前理專 30 塊左右幫他買了很多美金，那時台幣也走貶，貶到 34 塊換 1 美金，不要美金換回台幣賺了九百萬。

趙姐聯想到大家都不要美元了，連明星都在拋售，於是我

就在等，看美元會貶到那裡去；看著美元一路貶值，新聞跟著看到了財經版，甚至有天新聞做了頭版，美元重貶，台幣升破29元。回想我大學畢業時，當時一波萬點行情，熱錢流入，台幣狂升，兌美金曾見到9字頭之外，再也沒看過這麼低的美金了，這則新聞果然是值得做頭版，但也因十幾年沒見過這現象，既然全世界的人不要美金，我認為是可以進場撿便宜的時候，2字頭時我分批換了不少。

反向思考可以看新聞，正向思考一樣可以看新聞，上一波日幣大貶，我也非常關心地看新聞，日幣兌美金貶到一百時，新聞始報大媽們開始進場猛買日幣，日本政府要日幣貶的態勢很明顯，想當年我是110元的時候換日幣，於是我想等一等，剛好新聞幫著一直在追蹤日幣的變化，終於有天早上網路新聞的頭條是一塊台幣可以換四塊日幣，回到十七年我換日幣的價位，那天二話不說，馬上跑去換一筆。

我的小故事說明了凡走過必留下痕跡，常常看新聞會看出歷史的腳步，提供您做判斷，洸興此書會更有條理地剖析多年看新聞學投資的心得，絕對更受用。

理財專欄作家，投信一姐　趙靖宇

找出認知與資訊的落差，創造獲利的良機！

　　我小的時候很愛看連續劇，但家中的長輩總要求轉回新聞台，並說道：「戲劇都是編的！作戲空，看戲憨，只有新聞才是真的！」

　　「只有新聞才是真的！」這句話我從小就一直深信不疑，直到大學的時候讀了大眾傳播系，然後才驚覺「原來新聞不一定是真的」！

　　什麼叫「真實」？少數事件有絕對客觀的「真實」，但大部分的資訊只是呈現媒體的主觀立場，甚至是觀眾自己願意相信的「真實」，而這樣的「主觀真實」報導，最常出現在政治和財經新聞中。

　　如果要從層層迷霧當中剝絲抽繭，破解的方法是了解金融圈從業者的「利之所在」，如：財經媒體需要閱聽量轉換而成的廣告費用、分析師要的是群眾的認同以招收會員、理專要的是銷售佣金等，然後就能理解金融從業人員僅是「資訊提供者」，並非幫助自己賺錢的「明燈」，因此一定要自己學會「獨立思考」。

　　那「看新聞買股票」到底行不行呢？其實，關鍵在於投資

人怎麼使用資訊。

　　本書提供了搜尋財經資訊的方法，並說明如何在海量資料中去蕪存菁，當這兩個步驟都做完之後，關鍵還是要練習辨識「認知與資訊的落差」，並化為實際的投資決策！

　　以書中的 2009 年的原油期貨投資為例：

　　一、認知：當時的市場氣氛和媒體都大力看壞原油期貨走勢，2009 年 3 月媒體報導海上原油庫存量高達 6,000 萬桶，並要投資人小心原油大跌！（空）

　　二、資訊：1. 夏天是用油旺季，故所謂海上原油庫存只是對沖基金慣在 2 到 3 月囤積原油現貨，並賣出 5 月期貨套利。2. 其實 6,000 萬桶原油庫存量並不大，只夠全球燒 18 小時。3. 期貨遠近月份價差出現異常。4. 裂解價差走勢發生變化。（多）

　　三、因為認知與資訊上的矛盾，造成很多投資人不敢進場，但也讓精明投資人的獲利機會浮現。事後來看：2009 年 3 月原油價格落底，6 月旺季時價格漲了快 2 倍！

　　書中還有其他投資的判斷案例也十分精采，相當值得細細品嘗！

CMoney 金融研究員、財經作家　艾蜜莉

從看新聞做投機到獨立思考做投資

投資上一個時常被拿來討論或論戰的問題是：市場到底有沒有效率？意思就是，當一個資訊被公開在市場上之後，有多快的時間，該資訊會反應在商品的價格上。例如，當下午兩點整，聯準會宣佈升息，前後不到一秒鐘，市場上就會有相當劇烈的波動，所有人都在根據自己的判斷買進或賣出手中持有的證券。一般來說，市場是相當有效率的，而反應的其實就是財經新聞的內容。

但是，同一篇財經新聞所造成的結果會一樣嗎？舉例來說，一家公司的營收成長，會讓股價上漲還是下跌呢？如果只看這樣，其實無法判斷。因為，真正反應的是實際營收和預期營收的差異，如果一家公司的營收成長，但成長不如預期，股價是會下跌的，因為在公佈營收之前的股價，已經反應了投資人對該公司營收的預期了。所以，你看的新聞，有跟你說是營收是不是高於預期嗎？

再回到市場效率。一般情況下，市場是真的非常有效率的，兩點升息不會到兩點十分市場才開始反應。但是投資人可能三點才看到新聞啊！所以，所有的財經新聞，其實都是「舊聞」，市場已經反應了，已經沒有什麼影響了。市場會不會有波動？

會！但是並不是「舊聞」所造成的，而是由持續不斷產生的各種訊息所造成的。這時候，就會開始有人認為，其實市場都在隨機亂動，你可能已經聽過「隨機漫步假說」。至於市場是真的隨機，還是由許多大大小小的新資訊所造成的波動，那是除了市場有沒有效率以外的另一個爭議話題了。

既然所有的新聞其實都已經太舊了，那麼看財經新聞到底該看什麼？已發生的事情知道也沒什麼不好，但是要不要拿來作為投資決策的依據，恐怕要非常小心，因為除非市場沒有效率，不然如本書中所說，已發生的事情不會是未來行情發展的原因。

其實作者書中花了很大的篇幅提及「當自己的分析師」很重要的一點就是學習不從眾的獨立思考。而這的確就是看新聞可以不斷練習的，即使是非常知名的財經專家，你一樣要去思考：為什麼他這樣說？他說的內容在何種情況下可能是錯的？

有些新聞雖然提到了名人的觀點，但是卻沒有提供給你足夠的資訊去判斷那個觀點的支持證據為何，那麼這樣的新聞就要特別小心。而經過不斷地練習，你就會從一個看新聞而下決策所以容易被玩弄的投機者，進化成一個看新聞練思考，獨立自主的投資人。

《商業周刊》、《udn 鳴人堂》專欄作者　李柏鋒

前言
你打算用什麼方式做投資？

　　如果你做投資卻從來不看價格變化、不看新聞，那麼彼得・林區（Peter Lynch）會罵你：「買賣股票但不下功夫研究，就像玩撲克牌不看牌一樣。」

　　如果你聽了大師的話，打算看經濟數據與財報數字來做投資，一定會發現有近百種令你頭大的數據資料。接著放眼望去有數千家公司，每家又有至少 50 種財務數字等著你研究；如果想看產業展望與消息投資，台灣產業就能分成 25 大項逾 200 細項。不只如此，光是財經網站每天的新聞就有超過 3,000 條，讓人眼花瞭亂。當你硬著頭皮生吞活剝這些海量資訊卻解讀不了時，專家又會教訓你：「不要投資自己不熟悉的領域，散戶就是不聽！」

　　若是改採用客觀的技術分析呢？那麼很抱歉，投資價格的變化隨時影響盈虧，從眾的本能與部位盈虧所造成的亢奮與懊惱等情緒，每一分一秒都會干擾你的決策。

　　行情上漲時，你的腎上腺素一飆升就急著追漲，最後「住套房」，此時專家會道貌岸然地告誡你：「人多的地方不要去，散戶就是盲目。」然而當你在行情下跌逢低買進，結果還是賠了錢，此時專家又會義正辭嚴地糾正你：「趨勢最重要，不尊重趨勢是散戶最常犯的錯誤」。

　　金融投資領域的訊息就如同父子騎驢的故事：專家就是負責在一旁大放厥詞的觀眾，永遠不會有錯；但在艱困決策中載浮載沉的投資人，卻永遠只有被罵的份。只是，也別怪媒體與金融業者要騙你、只提供他們想讓你知道的消息，因為這就是他們的生存之道。畢竟沒有點閱率就沒有客戶，也就募集不到資金、發行不了基金，無法讓投資人拿出錢來的媒體與金融從業人員，就等著被市場淘汰！

　　然而對投資人來說，新聞、財報、消息、耳語流言、技術指標呈現的線索，都是投資人「參考」的訊息。但是這些投資資訊是如何被產出的？撰寫、製造訊息的人又是抱持什麼樣的動機來提供這些訊息？當你我接收到這些訊息時，人性與個人的經驗又會造成什麼樣的解讀偏差？如果你不徹底了解以上幾點，便永遠無法跳脫「住套房」的迴圈。

投資之道沒有捷徑，學做投資跟學打籃球一模一樣，你不可能只靠看書與聽課就能學會打籃球。同樣一場籃球比賽，以球員的角度來看，一能學到克敵的方法，二能精進自己的實力；但以球迷的角度來看，只會覺得球賽刺激有趣，然後讚嘆球星好厲害而已。

所以，學會打籃球的唯一方法，就是自己下場去投球，如果此時你決定找個教練來指導自己，一定能進步得很快。不過，有個道理你必須明白，能教別人打籃球的教練，自己雖然也會打，但他未必是最厲害的 MVP 球星。在選擇教練時，你該重視教練能否教會你打球的訣竅及原理；如果你選擇教練的原則是教你得分的能力必須高過麥克 • 喬丹，那麼我敢肯定，最後你找到的不會是教練，而是一個騙子。

最後我要說的是，本書不見得是你在投資路上的最佳教練，但本書提供的新聞剖析可以讓你看清現實，在投資這條崎嶇坎坷的路上發現一線生機。只不過另一方面，本書也可能成為菜鳥理專蛻變成邪惡金融騙徒的學習指南，如果你不想成為騙徒的犧牲品，一定要熟讀本書！知識是兩面刃，端看各位讀者如何運用了。

問卷：我究竟該投資，還是該投降？

　　投資，並不是一個「有志者事竟成」的領域，每個人適合
的投資之道都不同，書本的此份問卷評分與說明位在本書第 231
頁，投降篇之〈4. 投資需要的人格特質〉文章末，您可根據評
分判斷自己是否適合花大量精力鑽研主動投資，賺取高額報酬。

1. 以下兩個工作，起薪同樣是 5 萬元，假設你都有足夠知識能力勝任，
　 你會選哪一個？

　　　　□ a. 銀行儲備經理（有升遷機會）

　　　　□ b. 棒球隊數據分析球探（看不到升遷機會，但全台灣只有
　　　　　　 一個職缺）

2. 你會怎麼使用工作前 5 年辛苦存下來的儲蓄？

　　　　□ a. 存下來避免失業

　　　　□ b. 準備創業

　　　　□ c. 獨自出國長期自助旅遊體驗人生多交朋友

3. 如果你做投資連續賠 3 筆虧掉一半積蓄，你會怎麼做？

　　　　□ a. 去當臨時工把錢賺回來準備做第四筆投資

　　　　□ b. 認真檢討自己的投資方法

　　　　□ c. 懊惱，認真考慮戒賭

4. 假如你騎機車到學校上課，只剩 3 分鐘就遲到，你是否會先梳整頭髮再進教室？

　　□ a. 會

　　□ b. 不會

5. 跟情人約會時，你會先談論什麼事情？

　　□ a. 今天的心情

　　□ b. 這兩天剛遇到的新鮮事

6. 你有 3 個工作必須完成，你會偏好哪一種做事方式？

　　□ a. 同時執行三項工作，即使可能犯錯做得粗糙，也要確保限時完成

　　□ b. 一次專注做一項至完成，再做下一項。即使可能做不完也要確保不出錯

7. 當你需要花時間與金錢學習新事物時，你會怎麼做？

　　□ a. 新事物自己覺得有趣比較重要

　　□ b. 新事物實用性比較重要

8. 若你跟團體內成員意見不合時：

　　□ a. 我會選擇沉默，盡力保持群體和諧

　　□ b. 即使沒好處，我也會獨排眾議，全力證明自己見解的正確性

9. 你是否經常反省自己做事是否有犯錯？

　　□ a. 是

　　□ b. 否

10. 當你遇到棘手問題時會怎麼做？

　　□ a. 先從網路與書籍中找解決線索

　　□ b. 先收集徵詢他人意見做參考

11. 你認為初入社會新鮮人，獲得第一份工作後適合做的投資是：

　　□ a. 投保（保險）

　　□ b. 儲蓄

　　□ c. 投資股票

一、絕望篇——善意的垃圾訊息

問題 1：你知道買樂透不是投資的好主意嗎？
Ans：當然知道，樂透加上中普獎機率也不到 3％。買愈多賠愈多。

問題 2：你有沒有看過媒體報導中頭獎的新聞？
Ans：當然有呀。把獎金存起來，每個月光是領利息就爽翻了。

問題 3：你知道買 50 元樂透，結果槓龜的機率遠遠高於中獎，但你有看過媒體報導過這種現象嗎？
Ans：嗯……沒有耶。

問題 4：這樣的媒體報導，其實完全沒有想要坑殺你的動機，不過媒體確實引誘你做了一次小小的公益。你會感謝媒體吧？
Ans：＄％ ^&*（）＿＋）（*&^

洞悉新聞價值與投資價值的永恆差距，是擺脫投資絕望的起點。

小故事

不斷重演的原油走勢歷史

　　國際油價在 2014 年第四季出現暴跌，一路從每桶 100 美元直落至每桶 40 美元，價格跌落逾五成。而這個走勢在過去 20 年來，只曾在 2009 年發生過，非常罕見，請見圖 1-0-1。

圖 1-0-1　1997～2015 年年初美國輕原油週線圖

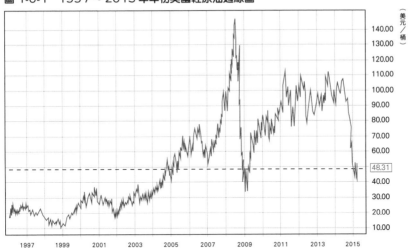

　　然而，2014 年全球經濟狀況與 2009 年幾乎完全相反！回頭看過去的走勢，2009 年就是原油最佳買點。當時全世界的投資人都想知道，2015 能否重演當年走勢？

自 2004 年起，油價上漲帶動了加拿大油砂產油投資熱潮，北美原油產出大幅增加。儘管加拿大油砂儲量比中東原油還豐富，但由於提煉過程繁瑣，因此造成產油成本攀高至 40 美元以上。雖然 2009 年全球經濟非常糟糕，但關注原油市場的投資者都知道，原油價格 35 美元早已跌破重要生產成本，虧損的產油業者自然會減產，進而推動油價回升。

此時問題是：When？何時才是原油轉向上漲的時機？

原油需求與景氣好壞息息相關，2009 年時，市場氣氛與當年鴻海科技集團董事長郭台銘描述的一樣：「景氣比你想的壞三倍。」猶記當時的金融分析師不斷告誡投資人，未來還會有二次海嘯，因為美國聯準會早已黔驢技窮，變不出花樣了。各界普遍認為經濟前景一片黑暗，期待原油能上漲的人，簡直跟瘋子沒兩樣。然而到了 2009 年 2 月，原油行情卻已悄悄出現轉折的線索。

圖 1-0-2 是 2009 年 2 月 12 日的原油裂解價差（Crackspread）。裂解價差是煉油廠將原油加工提煉成汽油與柴油的「加工利潤」。只要利潤回升，煉油廠就會全力生產，對原油的需求自然會提升。

圖 1-0-2　2008 年 2 月～ 2009 年 2 月原油裂解價差走勢圖

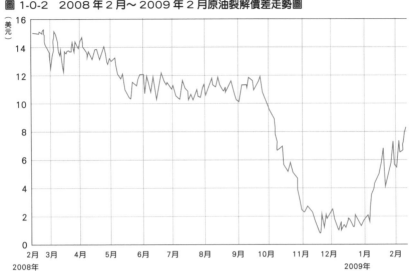

表 1-0-1　2009 年 2 月 12 日輕原油期貨遠近月份收盤價格表

輕原油 CL 合約月份	2/12 收盤價（美元）	與上月合約價差（美元）
3 月	33．98	
4 月	42．17	8．19
5 月	45．92	3．75
6 月	47．81	1．89
7 月	49．34	1．53
8 月	50．53	1．19
9 月	51．45	0．92
10 月	52．26	0．81
11 月	53．07	0．81
12 月	53．87	0．8

　　表 1-0-1 是當年 2 月 12 日的輕原油期貨收盤價，前後兩個
月正常的價差大約是每桶 0.8 美元。價差反應原油儲存成本，但

2009 年 3 月與 4 月的原油期貨價差，卻異常擴大至 8.19 美元。

每年的春天是用油淡季，夏季是汽油消費旺季，煉油廠如果太早購買原油進行提煉，會產生不必要的儲存成本損失。因此煉油廠大多會購買 4 月以後的期貨合約，等到交割取得原油，一個月內就能趕上旺季需求，輕鬆賣出變現。

也就是說，一般 4 月以後的原油期貨價格會比 3 月以前來得高，價差大於 0.8 美元是「淡旺季轉換」的特徵，但此時價差高達 8 美元實在太過異常，這就表示 2009 年 3 月以前原油需求極度低迷，與媒體當時對景氣的描述相符。但是煉油廠對 2009 年夏天的景氣展望與汽油消費需求，卻依然充滿信心，這與財經媒體的報導就出現了巨大認知落差。2009 年 3 月時，媒體上出現一則值得關注的的報導：

「OPEC 減產效果差，海上原油庫存高達 6,000 萬桶，小心原油大跌。」

哇！難不成是財經記者突然佛心來著，幫廣大投資人抓到天大的秘密？難道這次華爾街投資銀行準備要吃大虧了嗎？當然不是！海上原油庫存飆高，根本是對沖基金囤積套利的傑作。對沖基金操作原油期貨時，只要租幾艘油輪，趁 2、3 月原油現

貨便宜時買進，然後再賣出 5 月以後的汽油期貨與原油期貨，就能輕易鎖定利潤，未來只需把庫存提交交割即可，此舉幾乎沒有風險。

因此，3 月的原油庫存增加，根本不可能造成後續油市額外的賣壓。更何況，全球原油需求一天就超過 9,000 萬桶，美國一天消耗 2,200 萬桶，6,000 萬桶原油看似天文數字，實際上只夠全球燒 18 小時而已。事後，結果再度被證明，2009 年原油在 3 月份準時落底，5 月份旺季開始時快速回升，6 月就已站上 70 美元，請見圖 1-0-3。

圖 1-0-3　2009 年 1～9 月原油走勢圖

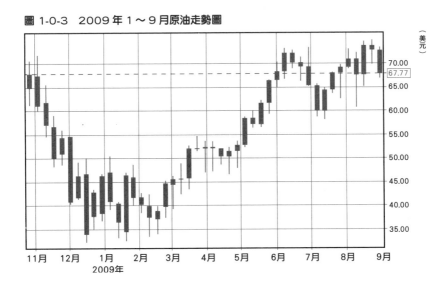

　　再來看 2015 年 3 月的原油裂解價差，圖 1-0-4 顯示原油遠近月期貨價差再度出現似曾相似的走勢：

圖 1-0-4　2015 年 4 月原油裂解價差圖

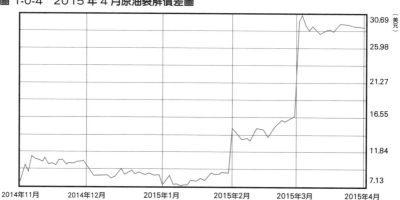

表 1-0-2　2015 年 2 月汽油期貨遠近月收盤價表格

RBOB 汽油合約月份	2 月底收盤價（美元）	與上月價差（美元）
2015 年 2 月	1・3167	
2015 年 3 月	1・347	0・0303
2015 年 4 月	1・5595	0・2125
2015 年 5 月	1・5797	0・0202
2015 年 6 月	1・5847	0・005
2015 年 7 月	1・5819	-0・0028

　　見表 1-0-2，此次遠近月份最異常的價差缺口出現在汽油期貨，汽油期貨的單位為加侖，4 月與 3 月合約價差高達正常值的 10 倍（汽油倉儲成本約是油價的 2%，0.02 美元），這情勢跟 2009 年如出一轍，更神奇的是連新聞都重演。2015 年 3 月媒體

大肆報導：「美國油庫爆滿，原油可能無處可放，油價有下探
20 美元的可能。」

　　這次原油庫存大約比秋天多 1 億桶，與 2009 年增幅一模一
樣；原因看來也雷同，都是「囤油套利」。同時長線的供需展
望變數也差不多：2014 年北美新增的原油生產來自於頁岩油，
2009 年來自加拿大油砂。只不過頁岩油的生產成本更高，每桶
約 65 至 80 美元，倘若原油價格持續低迷，虧損的頁岩油企業
一樣有停產的壓力。

　　既然所有局勢都是 2009 年翻版，那豈不是最佳撈錢時機？

　　2009 年原油轉折的線索出現時，我把所有資訊分享在部落
格，不論是我的朋友還是網友，全都半信半疑，畢竟這樣的判
斷跟輿論的認知差異實在太大。只是沒想到，這次當我把訊息
再度放在部落格上，眾人依舊半信半疑。即便我強調 2009 年的
案例與成功判斷轉折的經驗，可是當我詢問：「要不要做多原
油與相關投資標的？」對我完全沒信任問題的朋友，以及有充
足總體經濟知識的分析師，給我的答案依然是：「我想觀望，
再多看看吧！」

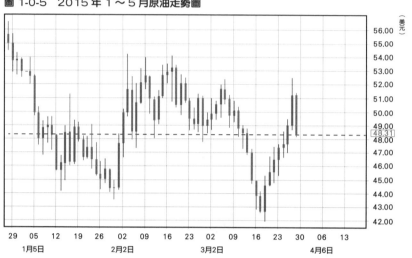

圖 1-0-5　2015 年 1～5 月原油走勢圖

　　見圖 1-0-5，事後再度被證明，2015 年原油準時在 1 月底汽油期貨換月時止跌反彈，3 月下旬原油期貨換月時再度走升。

　　圖 1-0-6 為 2 月 25 日，美國該地與台灣有十二小時的時差，美國能源資訊署公布，美國上週原油存量較此前一週增加 840 萬桶，增幅遠高於市場預期的 370 萬桶。當美國能源署公佈庫存上升時，原油價格不但沒有下跌，反而逆勢上漲。此現象在 2015 年第一季至少發生過 3 次，但財經分析師們竟完全無視，反倒繼續暢談原油庫存爆滿，油價即將崩跌。

圖 1-0-6　2015 年 2 月 26 日原油走勢 30 分鐘線圖

　　而三月下旬發生了一個意外事件：葉門局勢惡化，沙烏地阿拉伯派兵轟炸葉門叛軍。此事件一發生，分析師們立刻表示，這就是油價意外上漲的主因，從大方向來看，油價早晚還是要跌的。此時沒人在意先前伊斯蘭國（IS）在主要產油區動亂，完全沒拉升油價的事實；也不在意阿拉伯與葉門叛軍雙方軍事實力懸殊，叛軍難以影響輸油安全的事實。

　　2015 年 4 月初，媒體再度以伊朗核子談判可能過關為由，下看油價至 20 美元，完全無視於伊朗產油只佔全球需求 1.5％ 這件事。而核子談判取得協議後，油價不但沒崩盤，反而逆勢

向上爬升……

2015 年 4 月中旬，有媒體報導：

分析師指出，原油 ETF 累積的 60 億美元多頭部位，未來可能造成油價大跌……（原油一年的消耗量大約等於 2 兆美元，60 億美元多頭部位約等於 2 天的需求。）

在油價還沒上漲前，即使有再多的線索與證據，人們依舊不會相信；原油弱勢的消息即使有再多的邏輯瑕疵，人們依然會樂於相信，並爭相轉載。這恐怕就是財經訊息傳遞的常態。

2015 年 5 月，油價站上 60 美元，談論原油產能過剩的評論漸漸消失，此後媒體開始報導北美頁岩油出現減產的消息；7 月後，油價開始一路走跌，媒體又把產能過剩消息拿來大做文章。但真正造成油價下跌的原因卻是：秋天到了，而 2015 年是聖嬰年且又是暖冬，此點卻無人提及……

那麼，到底什麼樣的分析，才能讓投資人敢真正做出投資決策？

這問題恐怕相當深奧，並非三言兩語就可解釋清楚！

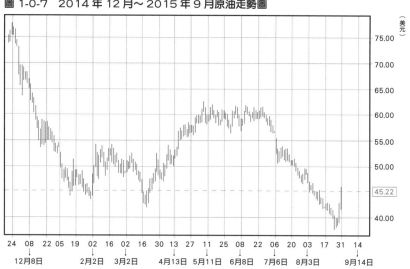

圖 1-0-7　2014 年 12 月～ 2015 年 9 月原油走勢圖

季節性需求變化，是一整年油價漲跌的核心因素之一。
2009 年油價在夏天上漲後，伴隨景氣一路衝高到每桶 110 美元；
而 2015 年油價並無景氣復甦助威，因此油價只有上半年走高，
一旦秋天淡季來臨，價格自然走低。

　　每年的景氣變化不易猜測，可是春夏秋冬絕對準時到來。
如果媒體只是一味談季節變換，那麼這樣的新聞看起來似乎就
沒有太多價值，自然不會著墨太多，但它卻是影響油價的重點
所在。倘若投資人完全根據媒體報導進行決策，結果終將錯失
最能作為投資參考的核心要素。

　　歷經了這次歷史重演，令我十分堅信：當類似情形第三次重演時，只要從「原油淡旺季交替時機」、「期貨遠近月份價差出現異常」、「裂解價差走勢變化」這三個線索，就可以找到投資契機。不過，即便已有這樣的前例，一旦同樣的情況發生，多數投資人依然不會相信。這也就是為什麼，媒體報導資訊的方式與人們接收訊息的管道，會讓這樣的獲利機會一直存在，卻依然只有少數人能賺到錢的原因。

　　巴菲特曾分享他的導師班傑明・葛拉漢（Benjamin Graham）說過的一個笑話，內容是有一個石油探勘者上了天堂，聖彼得告訴他一個壞消息：

「你的確有資格進天堂，但我沒有辦法把你安插進去。因為配給石油探勘者居住的地方已經客滿。」那個石油探勘者想了一會之後說：「讓我跟現在那些住在那裡的人講一句話。」聖彼得想了想，讓他說句話也無妨，於是那個石油勘探者向他們大喊：「地獄裡發現石油了！」忽然之間，大門開了，所有人立刻蜂擁而出向地獄衝去，聖彼得於是邀請這個石油勘探者搬進去。沒想到他猶豫了一下，竟說：「不，我想我還是跟那些人一起去好了。」

　　三人成虎，人言可畏。新聞訊息與價格變化是所有投資人獲取訊息的最重要管道，但究竟哪些可信？哪些又得無視排除？

這些都得靠投資人想辦法建立可用的辨別原則，才能讓新聞成
為自己的投資武器，而非投資障礙。

1. 媒體與分析師的撰文邏輯

「新聞」是投資人取得新訊息最重要的管道，但是新聞業賴以維生的營收來源，與投資人的投資盈虧沒有直接關聯，他們的「金源」來自於金融業者刊登的廣告費，而金融業刊登廣告的目的，就是從投資人身上賺取佣金，這個業界的原則永遠不會變。在資本主義的世界裡，道德、慈善與正義不能當飯吃，大家都得想辦法賺錢。這也注定了，媒體、金融業、投資人三者之間，永遠不可能目標一致。

投資人若覺得媒體與金融業者動機不單純，大可以自行開公司，找人合資做實業投資。如果辦不到或窒礙難行，就只得跟金融業打交道，拿錢去投資金融業者銷售的產品，諸如股票、基金、期貨甚至定存等等，都是金融業製造的商品。當中只有少數金融產品在合約中明文規定投資獲利時可分成，與一小部分的衍生性金融商品，允許金融從業人員真正能從行情變動中賺到錢。

而一般的投信基金、投顧契約向投資人收取的，都是顧問諮詢費及管理費。當基金經理人投資操作賺錢時，此時基金投

資人如果趁機獲利了結，基金公司的管理費收入反而會變少，所以他們大多會鼓勵你頻繁轉換投資下一項金融商品。在這種利益衝突下，投資人支付了管理費與手續費，換到的合理服務，是簡化自己在執行投資上的難度與障礙，而非換取一個賺錢的好點子。但只要當前的制度不變，無論金融業再怎麼高喊認真幫投資人賺錢，讓你可以提早享受富足退休人生的言論，都只是信心喊話與行銷話術而已。

金融業者並不會因為做出正確的行情分析而賺到更多錢，事實上，慫恿投資人進行更多交易、購買更多金融商品，才是財源滾滾之道。

同樣的，媒體記者與撰寫研究報告的分析師，更不可能從投資人的盈虧中分到一毛錢，他們只能賺到的稿費，或是藉由投資人的點閱行為，從其他業者身上賺取廣告費。投資人能得到的合理服務是資訊，這些資訊有可能是其他人尚未得知的最新消息，或是奧妙數學運算得到的數據與統計。至於該如何運用這些資訊進而從行情上賺到錢，那是投資人自己該做的功課，媒體與分析師嘴上為投資人賺錢的承諾，只能當作自由心證。

當投資人抱怨媒體與金融從業人員專業低落、黑心且不可

信時，請讀者們好好想一想：「你如果不能讓媒體跟分析師賺到更多錢，這些人為何要幫你？」一分錢一分貨，免費資訊、運用低成本的投資工具所對應出來的合理服務必定有限，那些號稱自己專業、負責、誠信的說詞，可信度都要打上個問號。賣東西的傢伙永遠在老王賣瓜自賣自誇，這其實是常態，不用大驚小怪。

但這並不代表免費的資訊都是垃圾。這類資訊非常多，而其中一小部份具有重要的投資參考價值。只要了解這些資訊是如何產生的，就是找出有用訊息的第一步。

記者與分析師想要存活，首要的任務就是吸引投資人的目光，揣測投資人想看什麼內容，就成了這群人撰寫資訊時最重要的工作。在這樣的動機下，媒體與分析師寫出來的東西，大多符合多數投資人的認知，也就是所謂的「輿論觀點」。

除此之外，投資人還想看新奇與熱鬧，以及與自己投資部位相關的報導，因此當發生急漲急跌、創新高或新低時，分析師與媒體自然會生產較多的分析評論與報導。相反的，當行情小漲小跌或死寂不動時，相關資訊往往一片空白。

　　但從「是否具有投資參考價值」的角度來看，卻剛好相反。急漲急跌後的行情走勢大多在整理橫盤，缺乏投資價值；反倒是最該做出投資決策的起漲點與起跌點，往往發生在死寂盤整行情末端。因此，如果你想找到投資線索，就必須想辦法補足這塊資訊空白，而善用搜尋技巧，就是從舊資料中找出線索的好方法。

　　舉實例說明，2014 年 1 月 25 日《鉅亨網》點閱排行榜最熱門的文章標題與內容是：

拉美匯崩！道瓊嚇跌 318 點、恐慌指數狂飆 31%

受阿根廷匯市崩盤引發資金殺出新興市場衝擊，美股 24 日失血慘重，道瓊工業指數終場狂瀉 318 點。

彭博社報導，新興市場股匯市震盪連鎖效應擴散，加上 S&P500 指數（標準普爾指數）去年大漲近三成後面臨修正，分析師預料將引發一波過度反應的賣壓潮。

身處貨幣危機中心的阿根廷披索連兩日重貶，在外資瘋狂匯出的拖累下，披索當日跳水（下殺）12.18%，本週累計貶幅深達 17.9%。象徵市場恐慌情緒的芝加哥選擇權交易所（CBOE）VIX 指數當日狂飆 31.74 至 18.14%，反應投資人情緒之焦躁沸騰，即使企業獲利表現優於預期也於事無補。

　　這篇新聞之所以備受網友關注，是因為前一天股市與匯市發生了罕見的急漲急跌，大家都想知道為什麼。但是這篇真正的價值也僅於此，它只告訴投資人：「號外號外！前一天美股出現急跌，而且前幾天阿根廷匯市發生驟貶！」至於兩者之間是否有關？新興市場是否有連鎖效應擴散？未來有沒有賣壓潮？這些重要訊息，撰文者都沒有透露，他既不需要做嚴謹的考證，也不需要為這些內容的真偽負責。而真正造成美股大跌的可能原因還有：

1. 道瓊指數跌破 50 均線，這是技術分析投資人常用來作停損的依據。

2. 隔週將舉行聯準會會議，投資人可能對執行進一步緊縮擔憂。

3. 美國議會正在為 2 週後到期的美債上限問題舉行協商。

　　另外，還有一些值得關注的現象：

　　VIX 就是美股的波動率，美股大跌是造成 VIX 狂飆的原因，VIX 走勢是結果，並不是新的利空；然而，經常伴隨美股大跌上漲的美國公債，走勢卻相當平靜。此外，應該對阿根廷匯率變化反應更靈敏的巴西與墨西哥，跌幅卻只有美國的二分之一，豈不矛盾？

　　真正造成美股急跌的原因究竟到底是什麼，可能需要再觀察幾天才能揭曉，也可能根本沒有原因。但如果記者與分析師

的文章這樣寫：「美股急跌，阿根廷匯率驟貶，原因不知道，請給我幾天慢慢查證吧！」隔天，這記者應該就會被請回家吃自己了。媒體與分析師沒有誠實的權利，只有假裝自己很專業，能隨時神速解釋讀者的心中疑惑，才能獲得投資人的點閱與媒體高層的讚賞與肯定。

看新聞可以讓我們知道最近發生的一部分新事件與現象，但想了解事件的全貌、來龍去脈等推論，請自行研究，千萬別奢望分析師與媒體隨時能給你正確答案！

結論：

2014 年 1 月底美股驟跌，在 2 月時就迅速漲回來，美股繼續創新高，分析師預估的賣壓潮並沒有出現。這段行情波折，很快就被無數的資訊洪流淹沒，從人們的記憶裡消失，真正驟跌的原因為何，其實無人在意。

2. 錯置因果的神準分析最受歡迎

　　記者可以靠廣泛的報導，不斷挖掘最新局勢變化存活，但分析師卻不行，因為他們被投資人要求「隨時扮演無所不知角色」。倘若分析師說：「我也不知道行情為何會跌，原因是一團謎。」如此一來，將成何體統？

　　分析師有假裝博學的無奈需求，可是又不可能隨時都有無限的創意來亂掰，於是分析師發展出一套簡單且一貫的邏輯，好編寫出一份容易讓投資人信服的說詞。其中最常被使用的伎倆就是：

已發生的結果＝未來行情發展的原因

過去幾天走勢的方向＝未來行情走勢的方向

　　分析師的邏輯並不難懂，成功的媒體記者與分析師，只是比較了解投資人常見的心態及「從眾行為」罷了。維基百科上對從眾的解釋是：從眾效應是指人們經常受到多數人影響，而跟從大眾的思想或行為，常被稱為「羊群效應」。人們會追隨大眾所同意的、但自己並不會思考此事件的意義。

　　從眾是生物本能，刻在你我的基因裡，很難輕易改變。許多生物靠著從眾，減少每個個體重複嘗試錯誤所造成的損耗，以提高群體的生存率。如果每一隻螞蟻都樂於冒險，靠自己尋找食物，那麼整窩螞蟻恐怕很快就會餓死。螞蟻的本能是跟隨前一隻螞蟻的氣味與腳步，就能找到食物。當整窩螞蟻中只有很小一部分四處亂走探索，即使 90％的螞蟻因冒險喪生，其他螞蟻依然能跟隨少數找到食物的好運螞蟻，一起將食物運回來，讓整窩螞蟻生生不息。

　　同樣的，人類的嬰兒也是如此，從張開雙眼後就會自動模仿眼前父母與其他人的行為，不需要思考背後的意義何在。如果需要思考意義才決定該不該模仿，小孩子恐怕十年都學不會說話。

　　從眾大多數是對的，可惜在投資決策上，從眾的可信度極低。更糟的是，分析師會根據投資人的從眾心態來解讀眼前資訊給投資人聽，因為這樣最容易讓投資人聽懂，並且獲得讚賞。當投資人根據這個原理所生產出來的資訊來做決策，就會像「雞生蛋、蛋生雞」的問題一樣，在迴圈中永遠得不到解答。

實例一：2013 年 11 月 21 日新聞節錄

商品崩盤在即！高盛：鐵礦砂、銅、黃金、黃豆明年將大跌逾 15％

高盛（Goldman Sachs）週三（20 日）發布報告指出，雖然美國經濟成長加速，但商品市場風險升高，鐵礦砂、銅、黃金與黃豆等大宗商品價格，明年都將重挫至少 15％。報告撰寫人分析師 Jeffrey Currie 點出，2014 年晚期大宗商品價格壓力將益發顯著，包括黃金、銅與黃豆恐怕都會落至 2010 年以來最低水準。受到 Fed 將開始縮減寬鬆的預期心理影響，今年以來標普高盛商品指數（Standard&Poor's GSCI Index）已下滑約 5％，主要受玉米與貴金屬拖累。高盛估計，明年底金價將落至每盎司 1,050 美元，與先前預估相同。

2013 年 12 月 23 日新聞節錄：

高盛：黃金將繼續下跌，2014 年將跌至 1,144 美元

高盛（Goldman Sachs）的分析師 Eugene King 在週四（12 月 19 日）的報告中寫道，隨著美國經濟數據日益轉好，刺激利率上漲，金價料將延續跌勢。King 表示：「ETF 資金流出勢將持續，而央行購買量將減少。他說：『在我看來，金價下跌將刺激首飾需求的增加。不過印度和中國人購買金條和金幣可能不足以支撐金價的走勢。』」King 預計金價 2014 年將跌至每盎司 1,144 美元。

仔細閱讀這兩篇報導，會發現高盛對於黃金下跌的預期，理由只有一個：FED 準會將開始縮減寬鬆 QE。事實上，FED 將開始縮減 QE，預期發生在 2013 年第二季與第三季。對 FED 決策最敏感的美國 10 年公債利率，在這時段大漲。

圖 1-2-1　2009 ～ 2015 年黃金走勢圖 VS. 美國 10 年公債利率走勢圖

資料來源：St. Louis FED（聖路易斯聯邦儲備銀行）

圖 1-2-1 的灰線是美國公債利率走勢，主要漲升已發生在 2013 年夏天，利率從 1.7％驟升到 2.9％；而黃金價格（紅線）在相同時間已下跌。FED 縮減 QE 的時候黃金價格下跌，是已發生的事實。至於未來 FED 是否持續讓 QE 緊縮？高盛直接忽略不談。

FED 緊縮 QE 與利率上升是否總是造成黃金下跌？若把觀

察的時間週期拉長到 40 年，似乎不是這麼一回事，但這一點高盛當然也不會詳述，見圖 1-2-2。

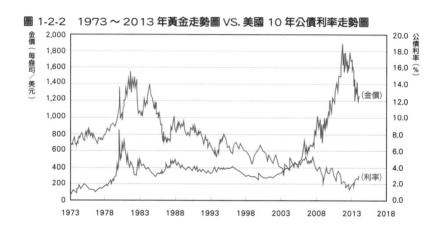

圖 1-2-2 1973 ～ 2013 年黃金走勢圖 VS. 美國 10 年公債利率走勢圖

如果把高盛分析文章更明確的寫成：

「因為黃金在 2013 年受到 FED 緊縮 QE 預期的影響出現大跌，因此預期 2014 年會繼續大跌。」這樣的寫法，是否會讓讀者認為分析師的專業程度下降了許多？但是，這才是這兩篇分析文章的本質。

從眾心理是：「人們會追隨大眾已認同的事」，FED 緊縮 QE 的時候造成黃金價格下跌，早在 2013 年實現，這樣的因果關係被多數投資人認同，因此拿來解釋未來，只要抹去「原因已在 2013 年發生」這個事實的脈絡，就能製造出讓投資人點頭

如搗蒜的專業評論。

風險、通膨、成本造成的供需變化，以及各國對黃金貿易的限制與稅率政策等等，每一項都是影響黃金價格的重要變數。也就是說，要評估 2014 年黃金走勢的因子實在太多了，如果通通考慮清楚，分析師可能必須不眠不休地研究好幾天。若將前因後果全部詳盡寫出來，分析文章又會變成長篇大論，而且投資人也未必看得懂，看不懂就不會認同，不會按讚爭相分享，分析師只會落得花了大把力氣卻吃力不討好的下場。

相較之下，把過去 3 個月已發生的結果當原因，只需要 Google 搜尋資料，幾秒鐘就能拼湊出來，而且寫出來的文章簡潔易懂，條理分明，鏗鏘有力！

假如你是分析師，試問你會選擇用清高、認真，但大有機率餓死自己的研究方式來寫分析文，還是迅速量產備受投資人與主管讚嘆，但實際上有邏輯缺陷的文章？事實上：

1. 土耳其在 2013 年 11 月新增 13 噸黃金儲備（約 41.80 萬盎司）。全年共增加了 143.6 噸黃金儲備（約 461.68 萬盎司），比一年前增加了 22.5%。

2. 俄羅斯僅僅在七月和八月就買入了 19.1 噸黃金（約 61.41 萬盎司），

全年增加了 57.37 噸。

3. 哈薩克黃金儲備比一年前增加了 21%，至 139.5 噸。

4. 亞塞拜然從幾乎沒有什麼黃金儲備，一躍至擁有 16 噸黃金儲備（約 51.44 萬盎司）。

5. 中國人民銀行一直買入黃金，但 2009 年宣布儲備為 1,054 噸之後，一直沒更新，市場謠傳最新儲備數字已超過 2,700 噸。

此外，高盛在 2013 年第二季買入了創歷史記錄的 370 萬股 GLD 黃金基金；高盛在 2013 年 11 月底時提供美元，去換取委內瑞拉央行 145 萬盎司（約 45 噸）黃金抵押。多數的分析師並不參與實際交易，但高盛例外，高盛是少數參與交易的分析機構。然而，這樣的特殊身份在分析時彷彿球員兼裁判，反而降低了分析評論的可信度。

投資人若知道這些高盛沒說的事，自然會懷疑「這是不是傳說中的蓄意坑殺？」或許不是！資訊的製造者可能有問題，但資訊的傳遞者——媒體，其實問題更大！（下一章將探討）

實例二：2014 年 1 月 28 日新聞內容節錄

XX 期貨：外資台指期淨空單增，看法偏向空方

週五美股大跌，日、韓開低，台指期開低走低，金電類股同步大跌，

台指開低走低收在相對低點。就台指期未平倉部位分析，外資淨空單增加 5,501 口，淨空單部位 14,158 口；外資賣超現股 171 億元，期貨淨空單部位增加，看法偏向空方。台股大跌使 5 日線跟 10 日線呈現死亡交叉，也跌破 1 月 6 日前波低點支撐，多方架構破壞殆盡，而外資現貨大賣，期貨避險空單大增，不利多方。

指數會大跌，就表示賣方力量大於買方，而這個力量顯然就是外資。外資就是造成 1 月 27 日股市大跌的拋售來源，當然在盤後就能找到誰在賣的線索，依照大跌結果計算的各類指標也會偏空。

這則新聞只是描述，1 月 27 日外資賣超、指數大跌，如此而已。而外資賣超隔天會不會繼續賣？指數會不會續跌？其實兩者之間根本不存在必然的因果關係，假如存在因果關係，那是否就表示：「外資永遠是贏家，只要外資賣台股，未來幾天就會跌；外資買，台股未來幾天就會漲。」

以上那段陳述顯然不合理，這論述如果屬實，那幾百個基金經理人應該早已被這條簡單規則打敗，散戶也不需要到處尋找奧妙的投資方法。這便是常見的「錯置因果」，作法是將一個相同的事件不同面向的觀察結果，解釋成因果關係，也由於

投資人經常會看到「指數大跌 vs 外資大賣」同時發生，於是相當容易去認同這類型的說詞，以致忽略了「今天外資賣造成今天股市跌，但不等於明天股市還會繼續跌」的情況。

　　媒體與分析師採用這些錯置因果的說詞，不見得有不良企圖，或許他們真的認為這就是「專業的分析」。然而，只要你沒有實際進場投資，沒有嚴謹的長時間統計，你或許永遠不會發現這其中的謬誤。

3. 有效投資策略與媒體報導價值的矛盾

媒體吸引投資人目光的手法有兩個：

1. 造神、吹噓準確與大賺……幾乎所有財經廣告文案、雜誌書本行銷都走這條路。

2. 閒聊搏感情、讚嘆行情、用想像力編寫華爾街陰謀、主力坑殺故事，反正只要故事新奇有趣就好。

為何媒體報導的面向愈來愈偏頗，內容愈來愈灑狗血？

這個問題不難回答，請想想你點閱財經文章的行為模式吧！2014 年初巴菲特曾經推薦業餘投資人買進 SP500ETF 並長期持有，請問這個投資建議是否正確？能賺錢嗎？不論從巴菲特的顯赫投資戰績來分析，或是從原理上來看，答案應該都是 Yes。

然而，多數散戶投資人看到這樣的建議以後，會大為讚賞並且確實執行嗎？答案恐怕大多是 No。事實上，投資人還是會繼續尋找既神準又奧妙，而且還能賺大錢的簡單投資法。

若將巴菲特建議的投資模式，轉化為每日投資分析，那會是什麼模樣？

S&P500 部位繼續持有等待。
2015 年上半年每個月的績效統計顯示：今年獲利低於 2%。

媒體如果做這樣的報導，不倒閉才怪。**投資賺錢的真實過程，其實一點都不吸引人，其中包含了漫長枯燥的等待；投資的實際獲利幅度，也不足以引發投資人熱情。**如果依照媒體上能吸引投資人目光的投資成果，換算成年報酬率，經常遠遠超過巴菲特績效十倍，甚至上千倍。

正確傳遞知識與訊息原本是媒體的核心價值，但是在網路時代，訊息數量爆炸式成長，免費新聞成了讀者主要的資訊來源，媒體為了求生存，只能無所不用其極的追求點閱率。**現在媒體需要的元素是新奇、有趣、易懂，而且能引發讀者共鳴，而採取最極端的手法，就是「內容農場」的出現。**

內容農場在社群媒體上，運用「看完我就驚呆了」、「10個輕鬆賺錢法，第 9 個真的太神奇了」這種挑動人們好奇心的標題來吸引人點閱，至於內容是否值得閱讀？說穿了，愈來愈

少人會去在意了。

新聞內容在網路時代，逐漸變得貧乏粗糙，其中另有一個原因：媒體追求發文即時性。 比如，台股下午 1 點半收盤，媒體的盤後報導大多在下午 2 點左右就會發出。請見下例：

2014 年 6 月 17 日 GMT（道瓊斯）——台灣股市收盤基本持平，僅上漲 2.53 點，至 9143.97 點，投顧分析師 Tony 說，主要因政府支持的基金在週二股市下跌 2% 之後，入市買進大型股。Tony 稱，週二台灣股票遭到境外投資者大規模拋售，在政府希望穩定市場之際，上述基金入市是合理的。

證交所公佈的三大法人交易數據出爐時間，大約在下午 2 點 45 分至下午 3 點。政府基金的交易一向不會逐日公佈，能作為政府基金買賣線索的行庫券商買賣明細，在下午 4 點至 4 點 30 分才能在網路上找到。試問，媒體怎可能在股市收盤不到半小時內就取得訊息並且侃侃而談？6 月 17 日下午的盤後數據顯示，外資買超 52 億台幣，大量買進金融權值股，台塑、南亞、聯電、面板股。而可能是政府基金交易依據的八大行庫只買超 5,800 萬，遠低於前一日買超 30.5 億。

為何這種完全唬爛式的報導會廣為流傳，變成人們篤信的

「事實」？現在讓我們還原整個消息出現的流程，並試圖為此做出新聞解讀：

由於前一天美股大跌，台股早盤的跌勢竟然在尾盤被收復。投資人必定非常納悶「到底是怎麼一回事？」因此媒體就向熟識的分析師詢問。而在金融業任職的分析師，絕不能給出「我不知道、我也很納悶」這種聽起來很不專業的答案，只得迅速給予一個邏輯推論上最合理的猜測：政府護盤。

這個案例比第一章描述的美股大跌報導更惡劣，第一章報導的內容全都是事實，只是分析師用錯誤的邏輯來偽裝自己的不專業，但此例卻是直接編出錯誤的故事（境外投資者大規模拋售）。

很難去界定唬爛式報導究竟是分析師的錯還是媒體的錯誤報導。上面這篇報導，只要改成「投顧分析師 Tony 推論，可能因為……」就可被當作可信度高的說詞。如果分析師與媒體還在持續追求速成的報導，未來內容的可信度還會更糟！

最快出現合理解釋說詞的分析，能獲得最多流量與點閱率；而讀者得到了與自己認知相仿的答案，會感覺自己的程度不亞

於分析師；那些誠實指出「美股大跌，台股翻紅很奇怪」的分析師，會被視為笨蛋。於是，真相大約在 2 天後就被遺忘。既然讀者不願意付錢給媒體，閱讀嚴肅文章的意願也日益低落，我們又怎能期待，媒體上能夠出現大量能讓投資人賺錢的有用資訊？

4. 別怪媒體，請適應！

媒體追求點閱率、訊息即時性，扭曲因果、標題愈下愈聳動，也愈來愈不在意內容是否正確，這的確是個糟糕的發展。但同時迎合讀者、賺到流量的新媒體正日漸茁壯；反之，堅守社會責任與報導核心價值的老媒體，不是被迫轉型，就是逐漸凋零，所以社會大眾為此去責怪媒體是毫無意義的。這是網路時代無法逆轉的演變，**網路資訊免費的特性與讀者的偏好，是造成媒體報導內容劣化的推手。**

現在的媒體報導不能立刻作為投資決策的依據，更不可盡信。想從新聞裡找投資線索的投資人，必須想辦法辨別真偽，並刪除毫無意義的說詞，才能抽絲剝繭找出有價值的資訊。**未來的新聞將會跟大數據（Big Data）很類似，有挖掘、篩選、分析能力的人，能將別人不易辨認的訊息轉化為投資契機；而看不懂網路時代海量新聞的投資人，會認為看新聞做投資只會害死自己，是笨蛋散戶的行為。**

在網路時代要妥善運用財經新聞，請你務必有清楚的認知：記者與分析師只是你的資訊來源之一，但他們絕對不是你的財

經明燈，也沒有義務告訴你能賺錢的消息；而且這些人的分析決策能力，可能比一個具有半年實務交易經驗的投資人還糟糕。所有的消息都必須經過自己的腦袋消化、思考、查證，才能作為交易決策的依據。切記，媒體與分析師產出文章的動機，絕對與投資人的需求不同調。

新聞內容龐雜且品質不佳，只是投資人蒐集投資訊息的困難之一，除此之外，還有另一個更大的障礙存在，那就是你自己。每個人在接收訊息時都有選擇性，而重要有用的訊息，往往很可能被自己自動排除掉。想要讓自己接收更完整且有用的訊息，就必須進行更多的邏輯思考訓練。

5. 先知的下場

「沒有人能夠預測未來？」

這句話的真實性見仁見智，有用的預言可能早已從你眼前飄過，只是你非但看不懂，還把預言當笑話拋到腦後。中國《韓非子》裡記載的和氏璧故事，描述和氏將璞玉獻給楚王，卻換來砍斷雙腳的悲劇，類似這樣的故事，在投資世界裡天天上演，總有一大堆人感嘆「千金難買早知道」。預言事實上早已存在，只是尚未成真的預言總讓人懷疑，且難以引發共鳴。

美國心理學家費斯汀格（Leon Festinger）所提出的認知失調論，就可以充分解釋選擇性接收訊息的原因：
人類在自己的信念受到挑戰時，我們的認知系統就會進行一些處理。當個體知覺到有兩個認知彼此不能調和一致時，心理上的衝突，會促使個體放棄或改變其中一個認知，遷就另一認知，以恢復調和一致的狀態。

費斯汀格做了一個實驗，他們要求受試者做一件無趣的工作，結束後才告訴他們實驗目的是：「對於工作有趣與否的預期，

是否會影響之後的工作效率？」並要求他們告知下一位受試者
這個實驗很有趣，以形成下一組實驗對象的心理預期。

在這些受試者中，有些被給予 1 美元，有些則給予 20 美元。
最後研究人員詢問這批被要求說謊的人：「這工作是否真的有
趣？」研究結果相當令人意外，得到 1 美元的人之中，較多數
的人認為工作是真的有趣。

根據認知失調論：在那些得到 20 美元的人之中，他們會認
為，得到 20 美元是自己說謊的合理藉口；而得到 1 美元的人，
只能改變自己的想法，告訴自己這個工作是有趣的，否則無法
消除認知失調的感受。

因此，費斯汀格的結論是：假設某人十分相信一件事，並
以此信念採取了不可挽回的行動，要是到最後他還是無法承認
自己的信仰是錯誤時，此人不僅不會因此消沈，反而會產生更
加堅定不疑的信念，來自我安慰。

這就是為什麼一些手法破綻百出的奇怪宗教團體，能讓少
部分高級知識份子深信不疑的原因，即使教主被檢調單位抓走
了，仍堅信自己的想法。同樣原理也會讓投資人自動摒棄真正

有效的財經預測,而莫名地堅持自己的見解。

所有人都厭惡不確定性,但是有價值的分析,絕大多數是對未來的評估,其中都包含了不確定性。很多投資人看財經新聞的目的是為了找答案,一看到這些複雜沒有答案、必須花費更多腦袋揣測線索的內容時,內心勢必起了衝突,這時投資人會想:「我不需要更多問題,我需要的是答案,這個無法給出答案的作者,看來也沒有比我高明到哪去。」

於是,給予簡單但未必給出真正有效答案的分析師,總是比努力評估未來的分析師,更容易獲得投資人的認同。當分析預測與群眾認知有巨大差距時(比如:原油庫存節節升高,竟然不是左右油價走勢的關鍵因子),投資人反而忽略那些認真分析的說詞。

金融市場的先知永遠是孤獨的,有能力預測行情的人,會愈來愈傾向從實戰投資裡獲得回報,以至於發表預測分析的熱忱逐漸降低,便日趨沉默。媒體上總是有一些先知存在,不過這些人數量稀少,不大受歡迎,即使這些人存在,也幾乎不會出現在最顯眼的位置。

那些能在第一時間對行情急漲急跌提出說明的人,反而很

容易受到群眾追捧，於是這些分析師會愈來愈熱衷在媒體上發表看法，但投資人如果拿這些說明來做投資決策，勝率恐怕低於 50％。

6. 選擇性報導

　　台股有超過 1,600 家上市公司，真有可能每家都獲得平均報導嗎？即使媒體有充足的人力來編寫新聞，也絕對不可能！即使真有 1,600 篇企業報導，也只會讓內容看起來毫無焦點，大大降低了參考價值。

　　再者，財經記者在生產報導文章時，本來就是已經篩選過的結果；選擇性報導加上選擇性記憶，再透過選擇性理解，消息的闡釋已經變形。再想想，記者每天可翻譯的文章數百則，個股、產業訊息目不暇給，還有各式各樣的名人談話、法人報告、國際股匯市報導，商品行情變化……在這樣紛亂的資訊洪流中，試想，編輯到底會怎麼挑頭條？

　　實例：2014 年 1 月 27 日台股蛇年封關日，三大財經媒體新聞標題

《工商時報》頭條：新興市場遇寒冬 台股封關拚紅

《經濟日報》頭條：財金首長喊話 台股前景樂觀

《鉅亨網》盤前評論：政府心態偏多 力抗美股重摔壓力封關日拚收紅

　　事實上，美股在前一個交易日明明爆跌 300 點，全球對新興市場看空的評論大增，難道台灣突然不屬於新興國家？股市好到可以徹底無視美國變化？當然不是這樣。

　　媒體報導，抓住近期最新消息與局勢變化很重要，但迎合投資人的期待更重要。快過年了，沒有媒體想觸投資人霉頭，因此標題都是吉祥話，看空的言論與證據自動被封殺。

　　封關日是比較極端的案例，但是平常時期，媒體對多空消息的自我篩選無所不在，投資人從媒體上得知的訊息因此是不對稱的。當市場氣氛偏多時，媒體會把過去一、兩年的利多消息鉅細靡遺的整理出來，順便再加上未來三、五年的利多展望；利空時就只報導近期兩、三天發生的事情，雖然都看似事實，但投資人得到的卻不會是整體局勢的全貌。

　　每一天的金融市場，總是有 1/2 資金作多，1/2 資金作空，雙方才能成交。但在這樣的基礎之下，媒體永遠只會集中報導多空其中一邊的消息。若媒體堅守完全中性的報導，其點閱流量鐵定會慘敗給偏向投資人想看資訊的報導方式。

　　回顧上一章提到的黃金相關新聞。由於股市驟跌激勵了黃

金上漲（事實上 1 月 27 日黃金距離低點已經漲了 1 個月，漲幅約 6%）。這時突然出現了一條利多訊息，新聞實例如下：

趁金價便宜搶買！全球金幣買氣爆衝鑄幣廠連夜趕工

《彭博社》（Bloomberg）報導，Muenze Oesterreich 已增雇員工，並增加一日第三個 8 小時排班，以追趕上金幣訂單需求。截至上週一（20 日），澳洲伯斯鑄幣廠（Perth Mint）今年以來接獲的金幣訂單較一年前大增 20%。美國鑄幣廠（U.S.Mint）本月份金幣銷售，也眼看將創下去年 4 月金價落入熊市以來單月最佳表現。超過 1,000 年歷史的英國皇家鑄幣廠本月 8 日表示，2014 年的英國索維林（Sovereign）金幣已銷售一空，因需求格外龐大，補貨尚需等待 6 天時間。伯斯鑄幣廠行銷部主任 Ron Currie 本月 20 日也預料，今年金幣銷量很可能將打破去年紀錄。

2013 年媒體最愛談的就是，只有看不懂趨勢的「中國大媽」才會悶著頭搶買黃金，怎麼突然之間，連歐美人士也通通被感染，演變成全球搶金潮？

事實上並非如此，各國對黃金的需求上升，不可能一夕之間爆發。只不過《彭博社》的記者看到黃金出現較大漲幅，因此回頭找尋過去 2、3 個月發生的利多來報導而已。這條新聞發

生的時間並不在 2014 年 1 月底，而可能是更早的「舊聞」，見
圖 1-6-1。

圖 1-6-1　2012 年 9 月～ 2014 年 5 月黃金走勢

黃金的漲跌跟市場對美國 FED 的升息預期有密切相關。前
文〈高盛看空黃金〉已說明，兩者的走勢從 2012 年以後有濃厚
的反向特性。黃金上漲跟金幣訂單與中國大媽的愛好，其實關
聯性都不高，真正原因是美國 10 年公債利率從 3.04 ％回落到
2.6 ％，而且在 2013 年 12 月時，媒體報導與分析師觀點過分看
空黃金。

不過各位可以好好想一想，談論艱深的美國公債與黃金相
關性的分析文章有趣嗎？你真的想看嗎？比較起來，還是金幣
鑄幣廠連夜趕工的消息更吸引你吧？

人們都希望多了解周遭發生的事,而以追求投資人目光為目標的財經媒體,最果決的方式就是選擇快速解釋現狀,才能即時獲得迴響。當然,也並非所有的財經報導,都是根據行情發展才去找出來的。

許多報導與行情變化無關,但與例行性事件有關:比如央行官員談話,或是財報公佈時,公司老闆在股東會上的說詞。這類可以明確確認「剛發生的新鮮新聞」,由於不摻雜記者的篩選,隱含特殊發言動機的機率也較低,因此可能包含更多可以判斷行情未來發展的線索。

要破解選擇性報導造成的資訊偏差並不難,別把標題當結論,同時仔細看看內容描述的細節就可以:

1. 辨認訊息到底是真的新聞,還是並非近期發生的舊聞。
2. 許多報導可能相當有趣,吸引你的眼球,但描述的卻是雞毛蒜皮的小事,並不重要。
3. 當利多或是利空滿天飛時,自己更要積極善用搜尋,找出反面訊息。

7. 選擇性接收資訊

　　訊息傳遞的每個環節都可能產生偏差，但最麻煩的是投資人自己選擇性接收資訊。記者不想報導的，我們可以靠搜尋以及更廣泛的閱讀，把線索挖出來；但是，那些因為自己不想相信，直接被自己無視的消息怎麼辦？老實說，這問題實在難解。

　　就如台灣嚴重的政治爭議也是一樣，至今無人有智慧化解。各位捫心自問，每一次的選舉中，您是否認為自己是中立且客觀？你是否記得那個你討厭的候選人，曾經提出過什麼不錯的政見？如果第一題的答案是「是」，第二題答案是「沒有」，那麼不要懷疑，你應該就是那個接收資訊時有嚴重選擇性偏差的傢伙！

　　那麼要如何才能解決自己的迷障？500 年前的哥白尼或許提供了不錯的指引。全世界的人類都生活在地球上，但是從來沒人發現原來地球是繞著太陽轉的，舉目所見，除了大地是不動的之外，天上的星星、太陽、月亮位置通通都會變，只是身邊所有人都告訴你地球是全宇宙的中心，當然不會動。如果你懷疑這個說法，不只會被視為異端，還會被教會抓走。只有哥

白尼發覺一些不對勁，他發現在所有行星中，金星與水星的軌跡只在太陽附近擺動，不會橫越整個天空，但其他行星卻有「逆行」的奇特軌跡（原本由東向西的軌跡，在特定時間會變成由西向東）。如果你只看太陽跟月亮，就永遠不會有發現地動說的可能性，要想能破除自己成見的訣竅，就是細心與更廣泛的觀察。而觀察與自己沒有直接利害關係的事物，總是能夠比較客觀。

試想，當你手中持有台積電的股票時，會覺得這家公司幾乎無懈可擊，其產品在全球市佔率超過50％，世界上根本沒有敵手，自己只要安心持有，就能享有美好的退休人生。假如這想法是對的，那麼做台積電生意的上游設備企業，應該也能賺翻天。台灣的漢微科與美國上市的ASML，都是全球市佔率近九成的半導體設備商，當這兩家企業出現獲利大幅下滑時，很可能就表示台積電生意變差，前途展望烏雲遍布。

廣泛的觀察並非大海撈針，你只需觀察有明確關聯性的標的，投資股票的可以多了解上下游產業的動向，投資外匯的則須多了解利率市場的變動。不同的投資標的需要觀察什麼，是每個投資人都必須費心去了解的金融專業知識，了解得愈多，愈能讓自己多一分賺錢的優勢。

　　選擇性的報導會讓群眾誤以為看到全部的事實，而一般人的金融知識有限，且記憶長度不足，因而容易掉入陷阱。其實，只要好好查閱歷史上類似的金融情境案例，也能讓自己避免發生選擇性接收訊息的偏誤。比如 2013 年的比特幣泡沫事件，跟 1637 年的鬱金香狂熱便如出一轍，只要是讀過金融史的投資人，一定會知所警惕。

　　又如 2015 年之前，美國持續發布將升息的消息，全球金融市場到底會發生什麼事？有些分析師會告訴你「免驚」，有些則跟你說很可怕，當你在決定相信哪一邊的說詞以前，不妨研究一下 2004 年及 1994 年案例；同時 1986、1983、1977、1973、1962、1952 年也該順便看一下。

圖 1-7-1　1954 年 6 月～ 2014 年 5 月聯邦基金利率

1994 年曾經因為美國升息引發墨西哥金融危機，這案例最常被拿出來探討。不過 70 年來利率上升波段共有 8 次，若能把所有利率上升時股市的表現全部瀏覽一遍，心裡應該會更踏實些吧！

上圖 1-7-1 有過去 60 年來每一段利率上升的正確時間點，請自己從網路上找出這些時間點美股的歷史表現。自己歸納並且猜測一下 2016 年美國開始升息後，美國股市到底該「免驚」？還是該「很擔心」？還沒發生的事沒有標準答案，但花時間自己做功課，至少能評估何者機率較高。

新聞不是投資指南，也不是答案，卻是找尋投資獲利機會的重要線索。許多投資人都有看新聞做投資卻賠錢的經驗，因此有些分析師高喊「千萬不要看新聞做投資」，這樣的說法根本是因噎廢食。新聞當然要看，不然如何得知半個地球外的世界發生了什麼事？只是新聞需要經過篩選、思考、解讀，並且自行補足媒體沒有報導的空白部分，才能看到較為完整的全貌。

《華爾街日報》在 125 年慶（2014 年）報導中提到：三位《華爾街日報》創始人原本是財經記者，他們認為在風雲變幻的金融市場的刺激下，人們愈來愈需要客觀的商業和市場新聞。

而當時，大家能獲得的財經消息很多都是不可靠的，傳言、事實和觀點幾乎無法分辨。在《華爾街日報》首次發行時，編輯們寫著《華爾街日報》的目標是：

始終如一地報導新聞，而非表達觀點。它將向讀者提供其他出版物所沒有的大量新聞，並通過市場文章、新聞、圖表及廣告，忠實地展現迅速發展的華爾街的真實圖景。

事隔百年，顯然財經媒體並沒有太多改變。125 年前的願景，現在仍是願景。往好處想：正因為新聞解讀並不是一件簡單的事，因此學會新聞解讀的投資人，才能成為市場上永遠只占少數的贏家，而且長久有效。

符合群眾心理的新聞媒體才能生存、壯大。
不符合群眾心理，但能讓投資人賺錢的新聞，下場總是被其他資訊淹沒。

二、邪惡篇——惡意的分析資訊

常言道：「好的老師帶你上天堂，不好的老師帶你住套房。」但你知道如何分辨誰是好老師，誰是壞老師嗎？好老師會告訴你很多事，但壞老師卻心態邪惡，而且腦子也不見得靈光。他們只會用各式各樣的話術拚命告訴你：「我在天堂！我在天堂！快來跟我學習……」

小故事

獲利行銷

你是否燃起了學習的鬥志，期待自己學會奧妙的投資法，輕鬆投資賺大錢，享受富足退休人生？如果你有這樣的想法，賀！在險惡的金融慾海裡，又有一尾大魚將上鉤了。

回顧過去的財經雜誌，會發現台灣社會似乎充滿了賺錢奇蹟：有小資男女靠存股賺進數百萬，有外勞靠投資選擇權大翻身，還有年輕人神奇變成包租公的故事，更有一大群素人湊巧抓到前一陣子漲最多的股票大撈一筆。台灣的老百姓似乎臥龍藏虎，潛伏無數的投資超級高手。

相較之下，檯面上能打敗股價指數的基金經理人就已經算厲害的了，不過跟媒體報導相比，他們看起來根本是一群庸才。

2015 年 7 月起，全球股市震盪加劇，靠選擇權倍數獲利的故事，不斷在 Facebook 上湧現，操作選擇權似乎也變成遍地是機會的投資顯學。

　　各位讀者有沒有發現，財經媒體所描述的美好投資情境，恰好都是一般庶民、上班族隨時可執行的簡單投資法。這些成功故事的主角與各位沒有什麼差別，人人都做得到！但這到底是怎麼回事？真有那麼容易？

　　上述這種狀況很容易解釋。各位在漫畫中看見的主角身分經常設定為學生，而這些學生大多擁有拯救世界的能力，或是身負跟現實世界裡最頂尖人物匹敵的才能。之所以會做這種角色設定，起因於漫畫主要的購買讀者是學生，而這樣的內容可以滿足核心讀者的想像需求。

　　同樣的，財經媒體上滿坑滿谷的獲利故事，也是同樣的原理，媒體就是要用獲利的故事衝刺銷售量，以及吸引點閱率。

　　媒體也會報導樂透彩券中獎得主的故事，雖然大家明知閱讀這些報導，並不會增加自己下一次買彩券中獎的機率，但依然人人愛看。投資市場也是一樣，不論行情再怎麼激烈變化，總會有人賺到錢，媒體只要把這些賺錢的人找出來報導，就是真人真事的獲利故事。即便這些故事不見得是虛構或造假，但賺錢的過程是不是靠運氣，或是對讀者有沒有太大幫助，其實並不會有人深究。

　　市場上有大量的分析師冀望能說服投資人繳錢向他學習投資，而用獲利作為行銷手段，仍是吸引投資人目光最有利的方法。然而，分析師談論獲利的說詞，往往遠比媒體包含更多的惡意，這些近似詐騙的手段，甚至可能扭曲了投資人的邏輯，為投資人在決策上製造更多障礙。我再三強調，千萬別輕視這些分析資訊帶來的惡果！

1. 交易決策與分析三大差異

「不管黑貓白貓,只要會抓老鼠的就是好貓」、「向成功者學習,是邁向成功的捷徑」。

這兩個想法是多數剛開始做投資的人篤信的學習方式,因此「我在賺大錢,快來聽我說,快來跟我學習」,成了吸引投資人最有效的行銷話術。

不只廣告用強調獲利來吸引人們眼光,財經媒體上也有眾多刻意偽裝的分析資訊。這些分析文章不但不包含任何值得參考的訊息,還可能擾亂讀者,誤導投資人下決策。想辨別這些惡意的財經分析,你必須徹底了解做出交易決策的流程,與不做投資的分析師們在本質上的差異,見表 2-1-1:

投資人在作交易決策時,思維是連續的。每一個動作,包含空手等待時機、持有投資部位等待成果,都必須經過縝密的思考與抉擇。但意圖吸引投資人目光的分析師就不同了,只要這種分析師某個片段猜測準確,就可以拿來大肆吹噓。

他既不需要向你交代上一筆投資操作該如何處置，也不用
規劃這筆分析結束後的下一個投資方向為何，只要這次能吸引
你上鉤就好。

表 2-1-1　交易決策流程與分析

完整決策流程	交易決策	分析師想法
如何讓自己擁有可投資現金部位？	非常重要，風控核心思想	直接忽略
選擇投資標的	有限資金只能投資少數目標，哪些潛在機會必須放棄？需費神抉擇	完全不需解釋什麼投資標的須放棄
選擇多空方向	在選擇標的時就已決定多空	分析師最重視的環節
選擇價位與時機	短線重要，長線投資重要性其實不高	分析師最重視的環節
加碼與減碼	不一定需要	大多以盈虧做決策依據
判定何時該「繼續持有」？	非常重要，而且過程煎熬，又會影響下一筆的現金部位	直接忽略
平倉出場	資金考量／行情展望考量是重點，盈虧重要性次要	大多以盈虧做決策依據
何時空手與等待	非常重要，提高勝率與獲利率的關鍵判斷	大多忽略

投資人除了決策思維是連續的以外，每一筆投資決定，實
際上並不會選擇「可能賺最多或是最準確」的方向。

投資人真正想的是「在有限的風險下追求最大利潤」。風
險是一個隱性的選項，當選擇正確時，就不會反應到交易對帳
單上，只有在判斷錯誤時才會發揮「功效」。

　　而分析師一向不考慮這件事，因為分析師總是表現出準確、輕鬆賺錢的一面。對分析師來說，猜錯行情只要閉嘴不談三個月，等投資人遺忘後，再重出江湖繼續高談闊論即可。

　　除了看分析決策的連續性以外，當行情走勢與分析相反時，也是檢驗這個分析師是不是草包的絕佳時機。成熟有效的交易決策還有第三個特點。不論沙盤推演多麼奇特複雜，最終得到的結論都是：

1. 買進
2. 賣出
3. 不動作

　　以上動作三選一。「短空長多」之類的說詞，營業員聽不懂，也無法轉化為交易指令，這就是無投資意圖的人特有的說詞。這三個交易決策思維的特徵，都有一個共通的缺點：逼人選邊站，大幅降低評論的準確度。即使是最專精於包裝自己的無良分析師，也編不出符合上述三點，又能讓自己看起來準確的言論。

　　最後，你還得牢記以下三點，讓自己免於成為金融騙子眼中的肥羊——

分析決策是否有連續性？

分析決策是否更在意潛在風險？

分析決策是否能轉化為交易指令？

2. 第一次當分析師就上手！

想要成為專業的分析師嗎？其實一點都不難。這比當投資人還要容易一百倍！只要掌握好訣竅，學會以下這個 30 分鐘速成大法，就能讓你寫出一般讀者看了就會點頭如搗蒜的分析文。

初階分析師：

要成為一位「準確」的分析師，第一個步驟就是要學會如何巧妙描述「行情可能上漲、也可能下跌」這件事。當然不能講得這麼露骨，還要得略作包裝。比如說：「目前行情是短多長空，投資人應該謹慎樂觀，但嚴防回跌。」或者：「現在的行情在 9,000 點，若行情站上 9,100 點，後勢相當樂觀。但如過下跌 110 點，不排除行情轉空的可能性。」

只要在一段分析裡把上漲、下跌所有情境都包含在內，就可以做到百分之百準確度的假象。學會這招，即使分析師完全看不懂行情，還是能夠胡扯出面面俱到的長篇大論。

唯一的壞處是：你自己也搞不懂要如何依照自己的判斷去投資！

進階分析師：

初階技巧淺顯易學，然而一旦投資人發現分析師漲也對、跌也對時，很容易就會被看破手腳，也不容易突顯出自己的特色。想要更上一層樓，一定要學會「危言聳聽」，比如當第一個喊出台股上 2 萬點的分析師，不然就率先喊出未來會跌破 2,000 點的言論，總之先喊先贏。喊完後即使行情跑錯邊，也要微笑裝出充滿自信的模樣。

市場永遠不會記得追隨者，但是第一個喊的人，只要喊對了，媒體就會奉上一個「股神」或者「末日博士」、「巴菲特接班人」等名號。錯了也不用擔心，因為「存活者偏差」會保護你，被你的分析害死的投資人，只會覺得自己愚蠢，保持沉默不發言。而其他觀眾的記憶力至多只有 3 個月而已，你只要耐心等過 90 天，不用投胎等下輩子又是一條好漢，可以繼續在這個位子上大膽分析。

危言聳聽很簡單，但如何讓別人相信你不是神經病才是真正的 Know-how。想要學會進階技巧，最重要的就是必須在分析中隨時暗示投資人，你早已是個成功的專家。比如強調別人都是賠錢散戶，或者花超過一半的篇幅，詳細描述你如何在 2008 年 5 月 21 日就開始看空，或者 1985 年自己是如何大賺。

更進階的手法是用生活化的口吻，盡可能詳細描述自己的財富、顯赫經歷與頭銜。比如不經意的提起自己有 BMW7 系列的駕車經驗，或者隨口抱怨一下杜拜帆船飯店中餐提供的魚子醬不夠高級……暗示自己很有錢，暗示自己神準賺大錢，或者強調自己的頭銜與身分，都能直接建立權威感。一旦權威建立成功，再怎麼離譜的危言聳聽都會被視為預言，而非胡言亂語。

高階分析師：

即便你學會前兩項方法，但在正規金融業與富人的眼中，仍是不入流的小丑，上不了檯面。有錢人怕綁架、怕繳稅，根本不會想要跟你談自己的財產，所以想要能吸引富人的目光，還是必須有點真材實料才行。

其實前面所說的兩大招還是不變，畢竟那是讓自己看起來準確的訣竅；只是想說服有錢人，還必須懂得用經濟學與財經數據包裝一下自己的專業。

當你預期行情要崩潰，別談販夫走卒都聽過的技術型態，這時要談一下貨幣供給額 M1、羅倫茲曲線。漲時看漲時也不能像沒見過世面的人一樣，死命上看多少點，如果你能從容的聊一下「和平紅利」，形象是不是就高雅多了？還有，偶爾使用

罕見的名詞，甚至自創個詞兒，都能讓你看起來像個經濟學大師，令人景仰。當你達到此境界，而且真的有顯赫的 MBA 學歷，那麼金融機構會爭相聘請你成為首席經濟學家，地位無人能及！

致命傷：

你在追求成為準確的分析師之路努力愈久，成就會愈高。不過時間久了，最相信你分析判斷的人會是你自己，你會陷入自己的盲點還不自知，再怎麼警覺都沒用。直到某一天你決定根據自己的分析結果進場投資時，才會深深體會命運為什麼總是捉弄人⋯⋯

想當分析師的人，請將這句話當作人生的座右銘：「分析師為了保持超然的客觀性，不適合作真實操作！」

當你打從心底認同這句話時，恭喜你，你已經天、下、無、敵！

3. 投資大師的金融詐騙術 (1) ——建立自己的權威

　　上一章的描述可能無厘頭了一點，但財經分析的世界真的就是如此。市場上有一群分析師，真正的專業不是提供分析，而是精準的運用心理學來吸引「信徒」。這類分析師對資訊的扭曲完全是刻意的，與媒體在追求點閱率的前提下篩選資訊完全不同。

佛瑞試驗

　　心理學家佛瑞（Bertram Forer）於 1948 年對學生進行一項人格測驗，在測驗中，所有學生得到的人格分析評論完全一樣：

你期望受到他人喜愛卻對自己吹毛求疵。

雖然人格有些缺陷，大體而言你都有辦法彌補。

你尚未在你的長處上發揮可觀的未開發潛能。

你看似強硬、嚴格自律的外在，掩蓋著不安與憂慮的內心。

許多時候，你會嚴重的質疑自己是否做了對的事情，或是做了正確的決定。

你喜歡一定程度的變化，並且在受限時感到不滿。

你為自己是獨立思想者自豪，而且不會接受沒有充分證據的言論，但

你也認為對他人過度坦率是不明智的行為。

有些時候，你外向、親和、充滿社會性，有些時候你卻內向、謹慎而沉默。

你的一些抱負有點不切實際。

　　學生在看完這份評論後，根據與自己人格特質的契合度來評分，0 分最低，5 分最高。事實上，結果平均評分為 4.26。研究發現：如果實驗強調分析者的權威（這是心理學家作的人格測驗，不是惡搞），而且讓實驗對象相信該分析評論是專為他們寫的，評分會特別高。

　　佛瑞試驗（Forer effect）可被拿來做為占卜能準確的原因；同樣的，這可以用來解釋為何模稜兩可的財經分析內容，卻能夠輕易騙到投資人。

　　金融領域的權威效應（Appealto Authority）具有更大的威力，由於人們總認為權威人物是正確的楷模，服從權威會使自己具備安全感，增加不出錯的「保險係數」。畢竟投資必須面對未來的不確定性實在太高，影響的盈虧金額又十分龐大，因此只要能建立權威，再加上一堆讀者可自行解釋的內容，就能獲得人們高度的讚賞。

　　相信權威與從眾行為類似，都是人類在決策過程中減少花費心神、提高決策正確率與效率的捷徑，要呼籲投資大眾別相信權威是不可能的事。

　　真正的投資專家需要特殊的人格特質，還需要歷經長時間行情的磨練，才能擁有足夠的經驗與專業知識。巴菲特教不出接班人，也無法讓自己的子女成為投資專家，足以證明投資專家的養成有多麼困難。

　　也就是說，金融行業要擁有大量真正的專家幾乎是不可能的事，因此金融業與媒體，只好大量運用頭銜來量產「專家」。最菜的理專職稱是經理與襄理，當個三、五年就是副總；媒體上掛名的投資專家，不是達人就是投資教父、基金教母，再不然就是獲利速度遠超過巴菲特與索羅斯數十倍的奇人。沒辦法，投資人就是相信這套。請見實例：

摩根大通資產管理公司（J.P.Morgan Asset Management）投資組合經理 Stealey 聲稱，債券投資者對新興市場的大跌不會過分擔心。我們意識到即將處於一個波動性更強的市場中，但上週大跌後，他管理的投資組合還未調整持倉。他說，該公司仍長期看好義大利和西班牙市場，以及公司債市場，認為核心政府債券的收益率將走高，因經濟增長預期將被調高，特別是美國的經濟增長預期。金融市場已對美聯儲

本週縮減購債規模 100 億美元做好了準備；他補充說，無論縮減規模
高於還是低於這一水平，都會引發市場震盪。

「波動性」更強是什麼東西？市場震盪時該買進還是賣
出？有誰看得懂嗎？因為這些話語出自華爾街知名的金融機構，
因此深奧的內容必有含意，而看完後如果作出錯誤的投資決定，
一定是讀者自己的問題，這就是典型的金融版佛瑞試驗。

總而言之，建立權威跟模糊說詞，只是金融詐騙術的起點，
投資人還須慎思明辨其他更多挑動情緒的伎倆。

4. 投資大師的金融詐騙術 (2) ——
盡力強調盈虧

「強調盈虧」是菜鳥級的詐騙手法，根本不算高階手段，但這也是最有效的招式。現在不論是證券投顧、媒體雜誌還是名人部落格，依然對此手法樂此不疲。早期的「賀會員獲利大賺」，早已老哏到只能騙到神智不清的傢伙，但時至今日，還是有一堆人這樣喊。

現在比較進化的版本是，謙虛談論自己上次是如何一口期指賺到 600 點；或者表示 900 元買的大立光，現在 3,000 元，正在煩惱該不該賣？或者感嘆不小心在最低點買了一堆看多選擇權，結果賺 5 倍就賣光，少賺了好多……反正這些說詞不論怎麼變，本質都是一樣的：強調自己的獲利。

反之，突顯投資人的虧損也有相同的效果！感嘆散戶又斷頭，賣在最低點；感嘆散戶宏達電買在 1,000 元執迷不悟，最後被坑殺。說之前的勸告散戶都不聽，落得這下場根本就是活該之類的言語。

如何破解：

第一、過去的績效永遠不等於未來。其實每一檔基金都會加註這樣的警語，就算是索羅斯與巴菲特這樣的大師，依然有看錯的時候。就算他是真的大師，說詞一樣僅供參考，既然如此，你幹嘛那麼在意文章裡對盈虧的描述？

第二、騙子會把大部份的時間與篇幅拿來描述過去。以投資操作為目的的人，只會在必要時記得過去的走勢，並且把多數的時間拿來評估未來眾多的變數。但以吸引觀眾與讀者為目的的文章，則會大費周章的描寫過去如何賺大錢。

第三、騙子對未來的局勢變化閃爍其詞。很多騙子因為不敢依照自己的判斷操作，因此在對未來的評論幾乎永遠缺乏自信，甚至避談未來。

第四、缺乏強而有力的論點邏輯。既然文章的目的是吸引觀眾眼光，那麼這類文章的分析，大部份都會湊巧在漲時看漲、跌時看跌，但卻無法解釋周遭市場發生的矛盾。

結語：

識破這種強調盈虧的廢文一點都不難，只要問自己：「根據這篇文章內容，明天該買什麼？或是賣什麼？」如果你發現看完文章，完全無法得到未來投資決策的線索，那你遇到的就是強調盈虧的詐騙型投資專家。真正的投資贏家，根本不會浪費時間描述盈虧，想想看，花大量時間跟旁人強調自己今天有雞腿吃，強調這個月自己有領到薪水的傢伙，到底是有錢人還是可憐人？同樣的道理，投資長勝軍也不會老是把獲利掛在嘴邊。

只要你認真作交易決策超過一年，累積數筆賺錢交易經驗之後，就能深刻的體會，為什麼再三強調盈虧是一件多麼無聊的行為。

5. 投資大師的金融詐騙術 (3) ——
　 讚嘆行情，當永遠的啦啦隊

　　財經媒體上有一種行為比強調盈虧更常見：當行情出現急漲、急跌、創新高、創新低時，必定會出現滿坑滿谷的讚嘆聲：「哇！宏達電跌破 100 了。」、「台股果然上萬點！」、「哇！美股又創歷史新高。」這種雞婆大聲報導行情的說詞，不需要像談論盈虧一樣背負說謊的罪惡感，也不需要花腦袋編故事，就能引發大量共鳴，一放上臉書，還可以賺到一大票網友的按讚次數。

　　人類數千年來，都很愛圍觀。圍觀可以滿足自己的好奇心，也符合從眾心理，讓自己覺得有參與感，但又不需付出任何成本，不需擔負成敗責任，因此激烈、少見的漲跌，總是能吸引大批人說三道四。

　　分析師評論這些行情變化，一來可以確保自己的說詞有人看，而且一定有人認同；二來可以讓人覺得自己是正在賺錢的贏家。試想，會在火災現場圍觀，還感嘆發表幾句閒話的，總不會是屋主吧？若分析師讚嘆行情漲跌之餘，還能說出幾句聽

起來挺有道理的前因後果，眾人自然會把他捧為高手。

不過，總是在談論熱門標的，也是圍觀吆喝型的分析師容易漏餡被察覺的致命傷。急漲急跌、創新高創新低的行情走勢，不見得適合操作，因為隱藏的風險大多比較高。事實上，最值得投資進場的行情，往往是死氣沉沉的盤整末端。

股票有上千檔，外匯與期貨也有上百個選擇，如果分析師總是無法說明為何自己現在關心這檔激烈波動的標的，那麼最好假設這傢伙就是那位在外面圍觀的三姑六婆，而非真正在金融市場找尋投資機會的專家。

媒體和分析師說詞會忠實地映出你的期待。當你認為準確是投資賺錢最重要的訣竅，就會有人扮演準確的角色吸引你。若你以為抓到急漲急跌的行情，是快速賺大錢的捷徑，就會有人大聲談論這些行情給你聽。總之，愈能迎合投資人輕鬆快速賺大錢的媒體與部落格，就會愈熱門愈搶手。只要投資人自己不改變，媒體的生態就不會變。

破解之道：
讚嘆行情式的分析不是那麼容易辨別，因為有些急漲急跌，

的確隱含重大意義。當發生重大突發事件時，行情的走勢變化會比媒體報導的速度更快，當行情大漲大跌發生時，所有投資人都希望第一時間知道原因，而這時分析師說的內容到底是不是真的有料，當下確實難以輕易辨別。

如果各位想把吆喝型分析師揪出來，必須觀察這個人一段時間，只要累積足夠的分析案例後，就能知道他是否總在談論熱門標的。不過這種人在媒體與網路上實在太多，如果一一去觀察記錄，根本是在浪費自己的生命。

其實另一個更可行的方法，是改變自己投資分析的需求與習性。自己在選擇投資標的時，如果不完全以漲跌為依據，就不須逼迫自己去追逐最熱門、波動最大的標的。一檔股票漲停或跌停時，大多不適合立即買進，也不適合馬上追空，既然如此，何必急著關心這檔股票？當你習慣從眾多小漲小跌的股票中找尋投資目標時，你會變得愈來愈有主見，只要你不再是圍觀群眾的一份子，那麼無論吆喝型分析師再怎麼嘶吼，都難以影響到你的思緒。

有人會問：如果自己手中的投資標的大漲大跌，變成別人談論的焦點時該怎麼辦？這時就是風險控管發生效用的時刻。

假如你使用高槓桿孤注一擲，不論賺錢還是賠錢，心情一定會十分激動，那麼你注定會受到這些圍觀分析師的干擾。如果你一開始進場投資就做好妥善的分散與配置，你會發現多觀望幾天其實不會怎麼樣。風險控管並非能讓投資人不賠錢，而是能讓投資人賺到思考的時間與比較冷靜的情緒。

結語：

如果有一天，你發現媒體上這些讚嘆行情漲跌的說詞已經完全不會影響自己的投資決策時，這就表示你的投資分析法則，已經愈來愈成熟了。

6. 投資大師的金融詐騙術 (4) ——自動忽略交易成本

　　市場上找得到數不清的賺錢程式交易，但往往真正使用以後，才發現自己總是在小賠中度過大部份時光，最後在大賠中絕望。回想起來，95％投資人還是搞不清楚問題出在哪？其實真相經常隱藏在微小的地方，讓投資人難以感受到或察覺到。

圖 2-6-1　這怎麼會是真的？

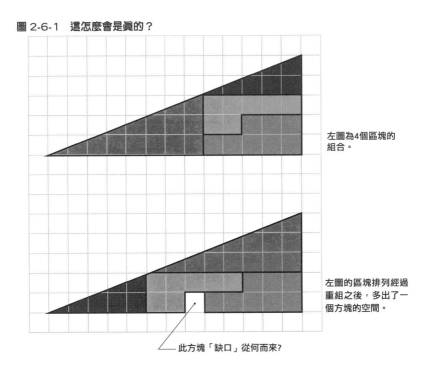

左圖為4個區塊的組合。

左圖的區塊排列經過重組之後，多出了一個方塊的空間。

此方塊「缺口」從何而來?

　　四個顏色區塊明明一模一樣，排列組合後竟能多出一個方塊的空間。上圖 2-6-1 這個小把戲，多出來的方塊「缺口」到底是怎麼一回事？兩個三角形為什麼移動一下排列方式，就會自動多出一個方塊？能看出門道的，就知道大部份短線交易與程式交易的問題是什麼了。

　　你看到圖 2-6-1 的這兩個圖形經過重組後根本不是三角形！長邊不成一直線呀。但是如果你先入為主的認為這是三角形，那就永遠找不出答案。

　　錯覺讓你陷入迷思，交易也是如此！投資成本看似微不足道，但累積起來卻能成為盈虧關鍵，而投資大師們就是會刻意用這種錯覺，製造穩賺的假象。

　　以台股為例。每筆交易有 0.3％稅金、0.1425％手續費，扣掉折扣算 0.4％好了，感覺好像很少，但多次累積之後就很驚人。如果 2 週作一次換股，一年就有 26 趟費用，加起來就是 10.4％的資本損失，超過大部份的基金積效，也超過巴菲特所認為的合理報酬；若再加計買盤與賣盤 1 檔價差，大約等於 0.25％，一年累積下來就是 6.5％。

那麼期指有比較便宜嗎？大台指保證金 13 萬，來回「手續費＋稅金約 250 元台幣＝ 0.2％」。交易若是一週一次，成本損耗也是 17％，萬一行情出現快速漲跌，產生比預期還要多一些的停損時，大賠就出現了。

投資人的記憶長度不長，只要一個月內連續小賺，年化報酬率會十分誘人；不過若把統計的交易次數增加到 200 次以上，交易成本損耗與偶爾的大虧損，就會戳破原來的假象。

一個年報酬率 17％的台股程式交易，假設保守操作，平均一個月交易 2 次，來回 24 次，交易成本吃掉了報酬率，讓你的實際報酬幾近於 0 ！

破解之道：

1. 愈是短線操作，交易成本比重愈高，所需要的勝率會呈等比級數上升。只要一個月交易頻率高於一次，又宣稱自己準確賺錢的說詞，都該特別檢驗交易成本的損耗有多高。
2. 回溯過去行情產生的績效記錄，特別容易產生這種謬誤。
3. 使用槓桿愈高的交易成本，侵蝕本金愈嚴重。只不過由於輸贏被槓桿放到極大，人們特別會忘記成本這回事。

，結論：

看起來很準的方法。要用了才知道有沒有效。用了總是小賠，原因很可能就是這些方法只有在「無交易成本」的幻境裡才能賺錢，在真實世界裡，完全不堪用。

7. 投資大師的金融詐騙術 (5) ──
暢談似是而非的投資原則

很多人會把「人多的地方不要去」，或是「順勢操作，不要與市場對抗」這類的投資格言奉為聖旨，但實際操作時往往不是如此，崇拜「善意提醒你投資圭臬」大師們的投資人往往在一次又一次的虧損中懊悔，歸咎自己不守紀律；手賤亂下單害死自己。但這些原則真的有用嗎？不見得！

仔細想想，其實行情只有兩種形式：一個是無方向的盤整，另一個是有方向的趨勢盤。

盤整時，想猜方向、追高殺低的就會賠錢，此時「人多的地方不要去」就變成救命格言；當行情一路走高或一路崩跌時，「不要與市場對抗」又變成金玉良言。但何時要遵循哪個法則，大家永遠搞不清楚。只不過投資人面對未來，多少必須試著猜猜下一段行情會怎麼走，當你猜錯賠錢時，投資大師們總是適時出現「善意指導」你。

「只要事後諸葛，永遠神準無敵！」

　　投資書籍、名人理財評論與知名部落格，總是充滿了一大堆這類似是而非的投資原則。這些乍看之下全都充滿哲理，再加上一些俏皮的形容詞、抓上幾個實例、附上一兩條假設，讀者就會有醍醐灌頂的感覺，而且深信不疑。就算使用起來總是沒賺到錢，那也一定是自己的錯。

　　其實分析師只是贏在事後，而非這些格言真正有效。例如，巴菲特的名言：「在別人貪婪時恐懼，在別人恐懼時貪婪。」大家應該都聽過吧，但這句話該如何應用在實戰上？現在道瓊指數 18,000 點，你要如何定義現在「別人是否在貪婪？」又或者，現在你不想買進作多，但你會不會又是巴菲特眼中正在恐懼的那個「別人」，現在會不會恰好是最值得貪婪的作多時機？

　　這句名言的每一個細節都無法明確定義，每一個名詞都是自由心證，聽起來很有道理，但實戰裡應用困難。仔細觀察一下，下次這句名言再度大量出現在 Facebook 與財經媒體時間點，應該又是「連續上漲後、轉折出現急速下跌」的時刻。這種用投資格言包裝自己的事後諸葛分析，是投資大師們經常使用的惡劣手法。

破解之道：

1. 逼自己判斷未來：拿投資原則檢討過去會永遠沒完沒了，拿現狀來
   猜未來，才是你我真正需要的資訊。好好問自己，你對自己信任的
   投資法則所判斷出的未來展望或投資決策，有幾分把握？

2. 多段行情重複檢驗：為過去找理由人人都會，但請秉持科學統計與
   研究的精神，看看投資法則是否真的能轉化為交易指令？如果可
   以，請詳實統計一下勝率有多少？

3. 找尋每個原則間的矛盾：經不起實戰考驗的原則，一般都不是因為
   原則錯誤，而是因為原則以偏概全，只有部份的行情才適用。因此
   滿篇原則或教戰守則的廢文中，往往前後段敍述就充滿著矛盾。

4. 確認合理的邏輯：判讀消息時，請多問自己「為什麼」？很多的投
   資原則只不過把過去一、兩週的行情走勢，轉用比較艱深的描述
   來下結論罷了，而非具有真正的關聯。就像美股連結超級盃指標，
   或是 2008 年以前台股的王建民效應一樣，巧合的成份比較高。

結語：

很多投資格言真的是知名投資大師的肺腑之言，卻被想沾
光的偽專家嚴重濫用。投資方法並沒有絕對的對錯，不論長期
投資還是短線當沖，市場上都有非常成功的贏家存在。只不過，
不同的策略，所該對應的訣竅都不同，而這些投資格言大多只
能在部分情境中發揮效果，絕不是放諸四海皆準的通則。

　　濫用投資格言，可以說是目前自稱是投資專家們的最愛，畢竟賠錢的投資人，哪個不希望能學到巴菲特的絕學，扭轉人生。可憐投資人自以為不斷的學習，其實學到的只是偽專家的錯誤投資原則，最後不斷在無意義的輪迴中浪費金錢與生命。

　　務實一點，坦然接受虧損必然是投資中一定會發生的正常環節；坦然接受投資無捷徑，只能在一次又一次的盈虧中慢慢體會修正。只要你能有這樣的想法，就會發現各種投資格言與原則，不再那麼吸引你了。

8. 事後諸葛，是追求準確的終極答案

　　2008 年至今，巴菲特危機入市只出手過 2 次，一次是 2008 年買高盛優先股，另一次是 2010 年買美銀優先股。很湊巧，當巴菲特宣布已進場買入、但股價繼續下跌時，輿論卻轉為談論巴菲特是否出現了罕見的投資決策錯誤，而非認定當時是追隨他作投資的最佳時機；當股價回升後，媒體跟輿論立刻又對他的決策歌功頌德了起來。只不過，輿論在最關鍵的那 0.1% 時機，實際上的作為，是質疑巴菲特的投資能力！

圖 2-8-1　2014 年交叉匯率 AUD/JPY VS. 美股 SP500 指數日線走勢圖

資料來源：Dailyfx

　　見圖 2-8-1，過去 15 年來，AUD／JPY（澳幣兌日幣）這個套息標的一直是良好的風險指標，可以預測美股何時因風險上升而轉折向下，預測的領先效果約 1 至 2 天。不過在 2014 年 12 月 15 日，AUD／JPY 再出現大幅下跌，美股卻紋風不動，請見圖 2-8-2。當我把這個現象分享在網路以後，網友的反應是：「這指標是不是過時，失效了？」而隔週，美股開始下跌，進入震盪期。

圖 2-8-2　2014 年 10 月～ 2015 年 3 月 SP500 走勢圖。

美股在12月1日，距離AUD/JPY
大幅下跌3個交易日進入巨幅震盪。

資料來源：Dailyfx

　　投資人真的期待準確的預測嗎？從一次又一次人們對真正有用預測的反應來看，答案或許是否定的，「如果能夠早知道」

根本不是投資人的需求。人們真正需要的是消除自己對未知的不確定感，消除自己的不安，只要對未來的預測還沒化為現實，不確定性就永遠不會消失。

而要讓投資人完全認同，完全消除不安，只有談論過去才辦得到。**事後分析無所不在，只要摻雜一點點事後元素，就能讓分析準確度看似大幅提升。不論是記者吸引讀者點閱的手段、還是強調盈虧、讚嘆已發生的漲跌、高聲引用投資格言等等，都是「事後＋規避做決策」所產生出來的言論。**

「事後＋選擇性記憶」是投資人最常發生的自我欺騙行為，許多投資人經常感嘆：「行情老是跟我作對，每次沒下單時，我的看法都挺準的，但是只要一下單，好像就被主力盯上，結果市場就有看不見的手坑殺我，讓我賠錢。」

之所以會有這樣的感覺，是因為人民實際上作了比自己記憶中多更多的分析，這些分析的勝率可能接近 50%。然而，當下「看多」，可是卻沒有實際去執行交易，事後行情果然上漲時，就會覺得自己「看法蠻準的」。但那些不如預期，自己看法失準，卻很容易被自己遺忘。時間久了，回憶就會自動美化自己的分析勝率。

　　然而，一旦你有實際轉化為下單交易的行為出現，而且行情下跌走勢不如自己的預期時，你所做過的任何分析，就無法被自己輕易遺忘。也就是說，不完全的記憶，會帶給你「自己的看法很準」的錯覺。而實際上，你投資的「勝負結果」，才是你自己真正的分析水準！

　　打仗時有沒有可能完全預測敵軍的每一個動向？我想答案也是否定的。既然無法完全預測敵軍行動，那該怎麼辦？

1. 立刻投降不要打仗。

2. 船到橋頭自然直，沒看到敵人就不擔心，看到時再盡全力殲敵就好。

3. 上一場戰役打贏，下次遇到敵人就勇往直前、衝鋒陷陣；上一場打輸，下一次遇到敵人就趕緊逃跑、棄械投降。

　　這三個選項會不會很搞笑？那各位下次聽到「沒有人能準確預測未來」這句話時，是否會認為不要做預測才是對的？分析跟蒐集情報一樣，既不可能完全正確，也不可能確切掌握所有資訊，只有少部分才會轉化為最終的行動決策。分析是為了讓自己在局勢變化中，能擁有更多邏輯推衍的線索，如果因為害怕不準確就減少預測，反而是鴕鳥行為！

**「追求準確，有害真實投資！」這是我經常勸誡投資人的
一句話，太多人在追求準確的路上誤入歧途，迷失方向。** 我曾
經看過有大學生連生平第一筆投資都還沒做過，就已經染上了
分析師的惡習，這都是過度重視分析準確性的壞處。

分析的勝率低於 60％是正常狀況，如果希望勝率比現在多
出 1％，你所需要付出的心力與需要蒐集的資料，可能要比過去
多出 10 倍。了解分析準確的極限，不但可以避免自己在投資的
道路上虛耗時光，也能更輕易的辨別騙子與菜鳥。

要讓自己擺脫準確的迷思，戒掉事後諸葛的自我麻痺，最
有效的方法就是好好做幾筆投資，並且把決策的流程鉅細靡遺
地記錄下來。

「哪些多空分析結論不值得下單？」、「我為何選擇這個
時間點下單？」、「我如何讓自己擁有可投資的現金部位？」、
「我要如何決定應該投入資產的 5％或是 50％」等問題，都是
經常被人們忽略的環節，但卻比多空勝率重要許多。只不過這
些決策既不會讓人有準確的感受，也不易妥善衡量決策原則是
否適當，然而，一旦你愈了解這些與「準確」無關的決策細節，
就愈能領悟對「準確」的執著，是多麼糟糕的行為。

9. 神準分析文章產生器

決定把良心拿去餵狗，打算量產專業分析文章，快速在網路上建立知名度的新人們有福了。只要把這招學起來，很快就能建立話語權，贏得投資專家的美譽。

第一段：描述自己正在獲利了結。

「不論黑貓白貓，會抓老鼠的就是好貓」，這個原則多數人都相信，不過要追蹤貓抓老鼠的過程太困難了，所以人們直接把這個原則簡化成「嘴巴叼著老鼠的貓，就是會抓老鼠的好貓」。同樣的，你只要運用完全相同的邏輯來吸引投資人，強調自己的獲利，就能變成吸引投資人的利器。

強調自己正在賺錢的花樣很多，但本質都一樣，只要是能強調自己會賺錢，就能獲得巨大的迴響。不過樣子也得做得漂亮，不能太做作，總得先低調談一下現在已經大漲大跌的標的，而自己正在獲利了結吧。這招既能讓讀者把事後諸葛誤認成分析，又能營造自己是賺錢贏家的形象，還能讓人們完全不會質疑你為何能做下一筆投資交易。當分析師透過這招取得投資人的信任時，後續的文章即便露出矛盾與破綻，都很容易被忽略。

**第二段：讚嘆當前行情多麼合理，順便罵一下散戶，再用
事後的觀點強調自己處在順勢。**

分析師對眼前的漲跌完全不感到驚訝，讓投資人以為一切
都在分析師的掌握中，以為分析師在先前的某個時點，就已經
洞悉了行情的發展。相較之下，對行情不大了解，正在找尋資
訊的讀者點閱進來時，就會自慚形穢，認定這是比自己厲害的
專家寫的。

順勢談論行情最大的效果，並非交易決策勝率真的比較好，
而是最可能讓投資人以為分析師已是贏家。別忘了，分析師追
高殺低稱為順勢，散戶追高殺低則稱為盲目與恐慌，這種話術
每位投資人一定都看過，但因為在閱讀的過程中，投資人已不
知不覺認定分析師是贏家，因此不易有矛盾與質疑的想法出現。

第三段：抓個理由解釋已發生行情的原因。

媒體與分析師永遠不能說：「我也不知道原因。」對分析
師而言，理由只要包含時事消息與財經專有名詞就 OK 了。股
市分析如果掰不出漲跌原因，就說主力吃貨、公司派幾天前早
已脫手之類聽起來很酷、但無從查證的說法，此原因是否真的
影響行情？是否為真？分析師與記者根本不關心，而多數投資
人也不易分辨。即使有真正高手看得出你在胡扯，高手未來也
可能不再浪費時間看你的分析，但他們也不會發言吐槽你。若

未來有證據證明你的理由錯得離譜也沒關係，因為讀者是健忘的，幾天後讀者又會熱切追逐下一個熱門變化的最新說明，只要你能第一時間作出說明分析，就是分析評論界的贏家。不過有更多分析文章，甚至連個理由都沒有說明，不如直接跳到下一段。

第四段：吟唱一段投資格言。

Facebook 上流傳了一堆經營哲學，再附上一張李嘉誠或是馬雲的照片，然後寫個「馬雲說」。但這些話到底是誰說的，根本沒人在意或查證。

財經分析也是一樣，想提高文章的可信度，最好的辦法就是內容包含讀者一定不會反駁的片段。附上一段巴菲特的投資格言，或是投資人早已深信不疑的投資原則，就很容易讓投資人點頭如搗蒜。至於這段投資格言能否用在當下的投資決策，多數人並不會深思。

第五段：輕鬆表示行情「還會再漲」或「還會再跌」。

完全不做任何預測的分析手法，使用過度頻繁時，容易被看破手腳。包含一小段簡略的預測雖然會降低準確度，不過只要文章的前段已經把自己的專家形象塑造好，就不用太擔心流

失讀者。你只要表示明天的行情發展將與今天或是過去一小段時間雷同即可，不需傷腦筋多作解釋，畢竟若要作出行情將轉折的判斷，必須蒐集眾多訊息來反駁讀者心中的從眾心態，這本來就是吃力不討好的工作，因此 90％的速成財經分析，結論都是順勢。

請牢牢記住，能在被閱讀的當下，立刻取得讀者認同的分析文章，就是專業的神準分析文；3 天後才能被印證是正確的文章，只會被遺忘。

這就是財經分析文章的標準格式，即使是從來沒作過投資的菜鳥或新鮮人記者，不用一週的時間，就能化身為專家。投資人如果想自保，最好留心這類型文章格式，如此閱讀財經報導時，才不會全盤相信這些本質上，根本毫無任何參考價值的內容。

10.為什麼順勢這麼受歡迎？

對分析師來說，順勢是撰寫文章的捷徑，不須花時間做大量研究，不會錯失發言爭取點閱的最佳時機。順勢分析能立刻獲得讀者認同的機率最高，更重要的是會讓讀者認為撰文的分析師應該不是「現在」才知道趨勢，可能早 1 小時、早 1 天、或者早 1 個月看出趨勢，因此這位分析師現在才能以贏家的身分發表評論。

「順勢」的好處是可以輕易偷渡事後觀點，但事實上，順勢有著「不見得能賺到錢、勝率只有 50％上下」的缺點，不過沒關係，只要靠著讀者健忘的特性與巨量的新資訊淹沒人們的視野，就完全不會對分析師造成難堪與困擾。對投資人來說，順勢就是「追價」。追高殺低的代價不只是勝率普通，頻繁的交易次數（分析師稱為靈活多空應變）還會產生沉重的交易成本損耗。連續上漲或是連續下跌的行情一旦反轉，行情波動往往急速放大，因此反轉發生時，順勢交易者的損失將十分驚人。

以期望值來評估，就會發現投資人承受的風險遠比勝率 50％還糟糕。對分析師來說，期望值低不是問題，因為分析師

不用預測反轉是否發生。何況反轉發生機率低，一旦反轉真的發生，分析師只需要沉默不評論，轉移焦點談論其他刺激的行情變化，順便強調一下「沒有人可以準確預測行情」，投資人也只能摸摸鼻子自認倒楣，艱困的處理自己手中部位。幾個月後，人們記憶逐漸淡忘行情反轉的慘況後，順勢分析師又能繼續「專業的」進行分析評論。

分析師往 K 線圖左方（過去已發生的行情）看去，用專業詞彙堆砌理由，說得振振有詞。但投資人需要看的是 K 線圖右方，永遠是一片空白，什麼趨勢、方向都看不出來才是正常的。

圖 2-10-1　圖為常見的 K 線走勢，難以猜測行情在 B 時段怎麼走才能賺到錢。

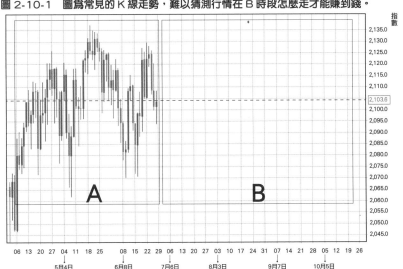

上圖 2-10-1 呈現的是「現在的趨勢在盤整」。這是談論 A 區間的趨勢？還是 B 區間的趨勢？

如果順勢交易下場那麼悽慘，那麼逆勢操作才是王道嗎？

當然不是！今天是晴天就猜明天也是晴天（順勢）是很蠢的做法，但今天是晴天就猜明天會下雨（逆勢），是更蠢的做法。既然猜不到，那就永遠不去猜明天的天氣，萬一出門遇到颱風被招牌砸死也是命？「不猜」是最準、也是最蠢的做法。

現代人對天氣的預測，已經非常純熟，正確率相當可信，想知道明天的天氣如何，可以看天氣雲圖、氣壓、濕度、季節，用合理的科學做預測。相同道理，行情未來的漲跌與過去不一定有關，投資人該關心的是未來的展望，而非已發生的漲跌結果。不同的投資標的與不同的情境，線索都不一樣，預測匯率漲跌需要看利率變化，分析股票看經營者策略與產業前景，短線交易則必須看籌碼……

預測行情未來變化的線索非常多，請別再用漲時看漲跌時看跌這種「順勢」預測未來，還以為自己很客觀沒在做預測！

11.華爾街已經用程式寫財經新聞

　　各位有沒有發現，分析師寫稿的邏輯與反應模式，似乎滿固定的。只要把分析師的做法整理一下，就可以用電腦程式寫出看起來與真人分析沒什麼兩樣的分析文章，不要懷疑，現在真的有人這麼做！

　　有一家叫做「Automated Insights」的公司，已經研發出寫文章的軟體「Word Smith」。這款由程式撰寫文章的軟體可以套用即時數據，一分鐘可以撰寫出 2,000 篇的報導，而這些報導都已經獲得 Yahoo 與美聯社的引用！

　　程式寫的值得一看嗎？有一家網站 NPR 派出他們的資深記者來挑戰 Word Smith，看誰寫的文章比較受讚賞。以速度來說，Word Smith 大勝，它在兩分鐘之後就產生了一篇報導，而記者則花了 7 分鐘。那麼，文章品質呢？根據線上投票的結果，網友投給 NPR 資深記者寫的文章為 9,000 多票，而 Word Smith 的文章僅有 900 多票。

　　看起來程式似乎大敗，不過美股有上萬檔股票，程式每天

撰寫的產量是記者人工撰寫數量的上千倍。反正都是描述現狀，套用技術分析給予制式預期，以「吸引總點閱數」的角度來看，效用將會是記者的數百倍。至於撰寫的品質，隨著科技與人工智慧的進步，只要有利基，未來就會進步神速。想想看，如果將蘋果 Siri 語音軟體的口語化回答相關技術套用過來，各位有自信能辨別眼前的文章是人工寫的？還是程式撰寫的嗎？

往好處想，只要程式撰寫財經新聞的技術愈成熟，就會有愈多平庸的分析師失業被消滅，這是好事。不過技術分析與程式交易發展了近 40 年，結果是高頻交易（HFT）一枝獨秀，其他類型的程式交易逐漸式微，市場被 ETF 取代。技術分析最大的效用反而變成撰寫新聞的素材，以及撰寫神奇效用財經書籍的內容，實在是一個令人感嘆的結局！

12.分析師的惡意動機：情緒釣魚法

前面章節所提到的惡意分析手段琳瑯滿目，不過若是仔細
思考與感受，就會發現所有的惡意手段與動機都是相同的：意
圖挑動投資人情緒，而非給予投資人任何理性分析的資訊線索。

假如你的目的是投資，想從行情的變化裡賺取差價、賺取
配息，應該會熱衷於研判行情與投資標的未來展望，找尋可賺
錢的目標與時機。當行情激烈變化時，正是查詢新聞、研究各
個市場變化的黃金時機，怎可浪費心思在凸顯自己的準確，以
及博取讀者認同這些無法增加自己帳戶資產的瑣事上？只要你
學會蒐集資訊與獨立思考，一定能感受到分析師的行為模式是
多麼的不合邏輯。

而這些煽動情緒的說詞破綻極多，不難分辨，但為什在媒
體上卻永遠存在？其實這跟詐騙集團的伎倆有點類似。

50 年前的金光黨，將假金飾放在路上，等待貪婪的路人撿
拾，再上前洽談分帳。這樣粗淺的說詞能騙多少人？100 個路
人大概只有一個會上當，但光是這 1％的比例，就足夠給予騙徒

豐厚的利潤，畢竟其他 99 個沒上當的路人，並不會給騙徒造成任何的損失。反之，這套粗淺的騙術可以精確的從眾多路人裡，篩選出貪婪而且腦袋不夠清楚的傢伙，能夠對這個目標對象做深入的洗腦。

如果騙術說詞本身太精細吸引人，反而在行騙過程中會吸引過多「非目標客戶」，讓騙子虛耗不必要的時間；而惡意的分析詐術跟釣魚一樣，並不需要獲得所有投資人的認同，這些分析師只需要吸引網路上 0.1％的投資人就夠了。

惡意的情緒釣魚不會消失，你我能做的是想辦法不讓自己受其影響，而落入人家設下的陷阱裡。**當你擁有獨立思考能力，讓自己有條理的解讀所有眼前的新聞與訊息，才是對抗無良分析師的唯一途徑。**

放棄「輕鬆賺大錢」的奢望，
是避開各種投資陷阱的根本解決
方案。

三、線索篇——真正有效的分析資訊

投資之道崎嶇險惡，本篇提供五個步驟，它可能會害死你不少腦細胞，但這就是各位常聽到的，「獨立思考」的執行細節。請深刻體會在投資市場必須付出多少的專注與努力，才能換到超額的投資報酬。

2015 美國升息猜想亂局

　　美國在 2009 金融海嘯後執行長期貨幣寬鬆，不但將利率降到 0.25％，還祭出 QE1、QE2、QE3、OT，不斷撒錢，直到 2014 年 QE 才逐步退場。2015 年全球金融市場最矚目的大戲，就是美國聯準會何時跨出升息的第一步？

　　2014 年 QE 退場後，美國 FED 每次利率決議的會後聲明，都會有這麼一段文字：「對於將貨幣政策恢復正常化應保持耐心」，因此市場眾多分析師預測，如果會後聲明把「耐心」刪除掉，應該就是美國即將升息的明確「暗示」吧。

　　而 2015 年 3 月 18 日 FED 的會後聲明，終於把「耐心」兩個字刪除，照理說升息將導致美元走強、歐元貶值、美債大跌，但是當日走勢完全相反，歐元反而戲劇性大漲，終結了 2014 年夏天以來的大跌走勢，見圖 3-0-1。

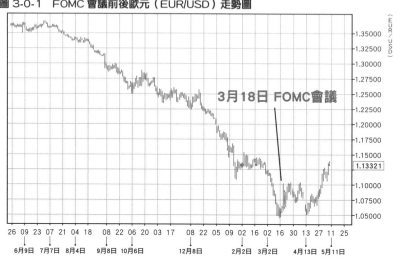

圖 3-0-1　FOMC 會議前後歐元（EUR/USD）走勢圖

　　FOMC 是聯邦公開市場理事會，主要任務在於決定美國的貨幣政策，上一段提及升息卻導致奇妙變化的真正原因是，聯準會主席葉倫（Yellen）雖然不否認 6 月可能升息，但明確表示升息的速度將比過去一次升一碼的速度慢很多，預估到年底利率是 0.625％，也就是說未來 6 個月時間內只會升 1.5 碼，速度是 2004 年的三分之一，但這麼細微的變化並非人人可以理解。除了升息速度低於過去緩和了緊縮預期，有利於歐元回升以外，因為 2015 年 3 月美國嚴寒氣候造成 4 月初公布的就業數據意外大減，人們開始認為經濟狀況可能不利於執行升息。很快地，「美國 2015 年根本不會升息」的分析評論又塞滿了各大財經媒體版面。

2015 年 4 月 29 日聯準會會議，不但沒否認 6 月升息的可能性，而且還強調 4 月就業驟減是特殊現象，而非顯示經濟惡化。從 4 月 29 日起全球債市就出現驚人的變化，不但美債利率不斷走揚，德國債券利率更從 0.17％飆升到 0.79％！見圖 3-0-2。

圖 3-0-2　德國十年期公債走勢圖 1

歐洲央行 ECB 從 3 月上旬才開始執行 QE 購債，以每個月 600 億的購債速度將利率壓低到逼近 0％。歐洲的 QE 購債預計執行到 2016 年 9 月，分析師與金融機構紛紛表示這段期間歐元將不斷貶值，股市則會因資金行情歡樂上漲。但至 4 月底購債執行不到 2 個月，德國公債根本不該發生這種豬羊變色的逆轉走勢呀！

德債利率驟升第一天，沒人報導，難以得知發生了什麼事。

而看到走勢異常的第一時間，我的猜想是：「歐洲央行主席德拉吉怎麼了？鬧失蹤？偷偷改變政策？」但經過了 24 小時，媒體上依然找不到可能的原因線索（合理假設：《路透社》與《彭博社》的記者群雖然無法預知行情變化，但找消息倒是非常專業，如果有新的政策與事件發生，12 小時內全球一定會有記者挖到消息並做報導）。而且不只是德債與美債利率在上升，連日債與英債走勢也同步，因此只好「假設」這是 6 月美國聯準會將升息的連帶效應。由於投資人感到最詫異的變化是德國債券利率，因此對應的操作機會是做多歐元與其他非美元貨幣。

2015 年 5 月 5 日，利率上升與升息猜想的影響範圍擴大到股票市場，全球股市出現連續重挫。

5 月 7 日「債券市場出現大拋售潮」、「債市腥風血雨，暴跌蒸發 4,300 億美元」、「債市恐慌，金融市場危機重重」。這些報導躍升為焦點新聞，也在 Facebook 等社群媒體上被大量分享轉載。這是大行情轉折的起點嗎？這天距離債券利率飆升的第一天已經間隔一週，更重要的是，6 月 18 日 FED 開會前的最後一個關鍵經濟數據：美國就業數據將在 5 月 8 日公布。5 月 7 日媒體的報導不但不夠新鮮，還忽略了 24 小時後就會有下一個足以影響行情的變數，這時如果誤以為媒體報導內容就是趨勢

起點，很容易讓自己變成市場上倒數第二隻老鼠……

5月11日，債市在5月7日、8日出現反彈，股市再度上漲，投資人又把兩天前「危機重重」的想法拋到腦後。

從這段行情與媒體報導的比對，你是否發現了一些閱讀新聞的訣竅？別以為眼前的報導永遠是「新鮮的」，也不要以為新聞能毫無遺漏的告訴你世界的全貌，更別以為新聞能清楚正確的描述當下的金融局勢。

圖 3-0-3　德國十年公債走勢圖 2

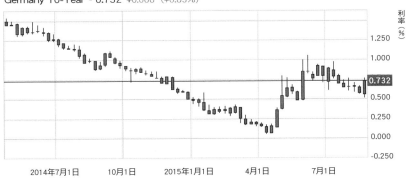

Germany 10-Year ↗ 0.732 +0.006 （+0.83%）

如圖 3-0-3 顯示，德債與美債利率高點出現在 6 月初，但是 6 月 18 日美國聯準會並沒有升息，市場開始猜測升息時點延後至 9 月。7 月時原本全球都認為應該沒事的希臘，突然出現賴帳

加上公投決定是否接受歐盟援助條件的意外發展，雖然希臘議題最終妥善落幕，不過全球金融市場對升息的猜想逐漸降低，利率不斷下滑；雖然升息猜想造成的利率市場豬羊變色的發展已告一段落，但是對外匯市場的衝擊仍在。

新興國家匯率仍持續貶值，造成新興國家的美元債務壓力上升，消費能力下滑。8月11日中國意外放手讓人民幣大貶，加速了所有新興市場貨幣貶值，由於中國、韓國、台灣是新興市場指數的重要權重國家，貶值觸發全球熱錢從股市撤退，最終在8月底造成美股出現大幅下跌。

市場對美國聯準會到底要不要升息的「猜測」，先造成了已開發國家匯率轉折，再造成利率市場轉向，最後引發「股市大跌」，耗時半年。當股市大跌出現後，媒體把下跌原因歸咎於中國，升息猜想對債券市場與新興國家匯率的衝擊，逐漸被遺忘。

金融局勢的發展是連續的，每一個過去曾發生的重大變化，都可能持續影響未來。未來會不斷出現新的事件，隨著時間流逝，有些猜測會變成事實，有些猜測未實現，會被人們遺忘。能影響行情的因素，遠比新聞所呈現的更廣。如果投資人記得

2014 年底的事情，投資人認為無止境寬鬆將帶來股市無限上漲的動能，或許就能猜出利率轉折上升後，股市可能的跌勢。但由於新聞報導的焦點永遠集中在近期發生的事件上，投資人缺乏 3 個月以前的記憶，又沒蒐集 3 個月後可能發生事件的情報，自然會覺得，想要在金融市場「早知道」各種資訊非常困難。

新聞仍是猜測未來局勢變化最重要的線索，只不過新聞需要經過判讀與拆解，並與其他被遺忘的資訊重新做拼湊，才能看出局勢的全貌。新聞解讀跟偵探解謎一樣，雖然有點難，但很有趣！

1. 這個實驗你會怎麼作決策？

以下有個簡單的機率實驗：

你的面前有 2 個燈（紅燈與綠燈），10 秒鐘後你會看到燈號亮起。燈沒亮前你可以按鈕猜測，如果按鈕猜對亮燈顏色，就能得到獎賞 100 元；反之，猜錯則罰 100 元。（先讓你按 20 遍，你會發現 80％機率亮綠燈，20％機率亮紅燈。）

你認為怎麼猜才能賺到最多獎金？（見圖 3-1-1）

A. 這次看到亮紅燈就猜下次會再亮紅燈，看到綠燈就猜下次是綠燈。

B. 這次猜燈號賺到 100 就猜同樣顏色，賠錢就猜另一個顏色。

C. 不論燈怎麼亮，都猜下次是綠燈。

Ans：學過期望值的正確答案如下，當勝率是固定不變時：

答案 A 的期望值＝〔 N×0.8×60 ＋ N×0.2×（－60）〕/N ＝ 36 元

答案 B 的期望值＝還是 36 元

答案 C 的期望值＝ N×60/N ＝ 60 元

圖3-1-1　猜燈號盈虧期望值

選C才能賺最多！其實下一次會亮什麼燈號，跟上一次亮的燈完全無關，因此任何時候猜會亮紅燈，只會讓自己猜對的機率下降。只要你想通上述實驗的道理，就會發現攤平（賠錢時加碼）不一定是個壞主意，重點根本不是現在的賺賠狀態，也不是眼前看到已經亮燈的顏色，而是找出下一次亮燈顏色的機率。

動物學家曾以鴿子進行實驗。動物學家把獎賞改成飼料，而鴿子很快就知道一直按綠燈，就能得到最豐厚的獎賞。只不過投資人經常會被自己的盈虧與眼前的價格變化迷惑，而忘記找尋影響行情的力量，忘了押注勝率最高的可能性，才是獲利

的根本之道。

牛頓力學有三大定律，每個人在學校都曾學過：

1. 慣性定律
2. 淨力＝質量 × 加速度
3. 反作用力定律

經過近 300 年的研究發展，物理學家已經知道作用在物體的力量，遠比牛頓描述的要多很多，只要找出所有的力量來源，就能預測物體複雜的運動軌跡。500 年前懂得慣性原理的人，或許能當國王的御用學者，但現在妄想用慣性定律解釋全世界物理現象的傢伙，恐怕知識程度比小學生還不如。

投資人該做的事也一樣，只要盡可能找出所有影響行情的新變化，就能猜測漲跌機率。如果將順勢（行情慣性）奉為牢不可破的圭臬，只會讓自己很快被市場淘汰。

真實的金融環境裡，投資人永遠無法像猜燈號實驗一樣，得知未來行情漲跌的機率。前一天漲跌是猜測未來行情變化的線索之一，用技術分析看到的順勢（慣性）與逆勢（反作用力），只是影響行情力量的一小部分。而真正影響行情的力量，一部

分在價格變化中，還有更大量的線索，藏在新聞與行事曆中。

只要你能正確解讀新聞，就能發現新力量。

2. 影響行情發展的四大線索

可能影響行情的因素有無限多種，而投資人可以察覺的線索可分為幾類：

（1）投資標的原本的價值：

所有的金融商品，不論是尚未開獎的樂透彩券、貨幣、定存、股票、債券等等，都有既定的價值，而價值來自於金融商品設計的法律規定。雖然價值會改變，在市場成交的價格也不等於合理價值，但交易價格必定與商品價值有關。了解金融投資的法律規定與遊戲規則，是投資人該做的基本功。

（2）金融行事曆：

金融市場有很多例行性的資訊，都會影響行情，例如：數據公佈、大型會議、財報揭露、選舉、產業季節性循環等等。雖然這些資訊相當龐雜，但是只要投資人肯花點時間蒐集並且記錄下來，很容易就能讓自己擁有「預測能力」，其實一點都不難。

其他投資人大多也知道這些訊息，比如 2016 台灣將舉行總

統大選，必定會影響股市；但有些投資人會忘記 2016 年還會舉行美國總統大選。判斷情勢對股市的影響，應該要綜合判斷，不能只專注在台灣的行事曆上。

人們會不斷接收新的新聞資訊，在龐雜的資料洪流中，很容易把明明很重要、但並不是新聞議題焦點的事件遺忘。下苦功蒐集訊息，建立完整的金融行事曆，盡力讓自己避免遺忘即將發生的例行事件，就能在投資領域獲得巨大優勢。

（3）即時新聞：

看新聞是獲得最新消息的主要管道，也是投資人最難掌握的投資線索，判讀新聞有眾多技巧，後續章節會再詳述。

（4）即時報價變化：

新聞消息的傳遞，不可能無限流暢迅速。價格領先訊息出現反應，是常見的現象，當然，價格本身不會永遠正確無誤的反應股票與債券真正合理的價值，價格還會反應出人們的盲目、情緒與錯誤期待。觀察行情變化，想辦法解讀出其中重要的訊息線索，也是投資人必須做的功課之一。

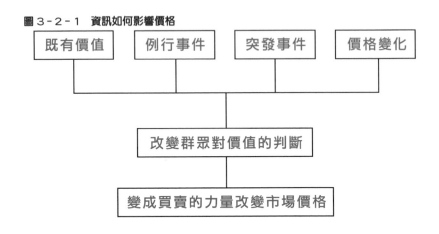

圖 3-2-1　資訊如何影響價格

既有價值　　例行事件　　突發事件　　價格變化

改變群眾對價值的判斷

變成買賣的力量改變市場價格

　　如圖 3-2-1，這四項資訊來源，都只是影響行情力量的一部分。完全信任基本面，或是完全相信技術分析訊號，都是以偏概全的想法。這些訊息要轉變成影響價格的動力，殊途同歸，就是必須改變人們心中的價值判斷。因此猜測行情變化時，還有一個最重要的工作，說明如下。

判斷輿論 VS. 投資人現在的認知

　　輿論與一般投資人當下的認知不難察覺：新聞與分析評論呈現的資訊就是輿論認知，也就是我先前不斷強調的，你我心中真正認同的訊息大多等於輿論認知。

　　比方說，「台積電是一家好公司，不是地雷股。」不論這說詞是出自於台積電創辦人張忠謀、外資分析師陸行之、《鉅亨網》記者，甚至是市場賣菜的歐巴桑，大家對這句話都持相同的態度，這就是輿論認知。

　　然而，台積電未來是否真的會變成地雷股？這機率雖然接近 0，但並非絕對不可能。假設美國不小心出現狂人按錯鈕，一顆核彈落在台積電總廠，那台積電就真的變成地雷股了。

　　輿論多數時候是對的，但並非永遠正確。如果無法知道現在台積電到底好在哪裡，就難以判別這家公司在什麼情形，會變得更好或是開始變糟。

　　判斷「現在的輿論認知」與「從各種訊息中找尋改變輿論認知的線索」，這兩項工作極為類似。別忘了，全市場的投資人都不是笨蛋，每個人都竭盡所能的蒐集訊息，想找出行情變化的線索。

　　投資人必須跟市場效率賽跑，隨時謹慎辨別自己到底是發掘了可能改變價格的領先資訊？或者只是後知後覺，現在才發現全市場都早已知道的輿論認知？若不做謹慎辨別，解讀新聞

資料時就容易發生誤判。投資人真正的敵人，不是跟自己多空
看法相反的交易對手，而是「市場效率」。

投資競標小實驗

在課堂上，每個學生只能單次投注競標，競標標的是期末
成績加分。

條件：得標的名額 2 名，得標者期末成績加 20 分。

競標支出費用：學生可以用考試已得分數作為投標金額。

舉例：

甲學生期末考 60 分，拿 10 分出來投注競標。若得標，分數＝
60 ＋ 20 － 10 分＝ 70 分

乙學生期末考 80 分，拿 5 分出來投注競標，因為甲學生出 10 分，
因此乙學生投標落選。分數＝ 80 － 5 ＋ 5（標金退回）＝ 80 分。

在這樣的規則下，最厲害的學生能加多少分呢？投標小實
驗的結果，得標學生投注的數字不是 20，就是 19.9 分。結果不
會有任何學生得到加分。這就是市場效率，只要資訊完全透明，
超額利潤就會消失。

要找出獲利機會，等於需要辨認輿論認知忽略的事，或是察覺「市場是否正在犯錯？」。

「市場永遠是對的」這句話根本是謬論，今天價格漲 1%、明天跌 1%，表示今天市場的表現跑錯方向，沒有預期到明天發生的事。若今天漲 1%、明天又漲了 1%，這表示今天輿論低估了利多的價值，市場仍發生了小小的錯誤。

每一天的成交價，都是一小部分買方滿意、賣方也滿意的結果，否則不會成交。價格發生變化，就表示買賣雙方認知的均衡發生改變，進而推翻了上一秒鐘的認知（等同認定上一秒做交易的人犯了錯）。

市場的價格不斷漲漲跌跌，就是不斷修正「什麼是合理價值」認知的結果。有時市場真的會犯大錯誤，這時價格中包含了大量情緒與錯誤認知，無視任何即將發生的例行事件。

正常套利交易失效、被動投資與衍生性商品被迫停損，也會將行情推向更不合理價格的那一端。

1. 價格從不合理回歸合理時，是投資人攫取超額報酬的絕佳機會，基本面分析效用大。

2. 價格從合理變得不合理時，投資人還是有機會賺到價差，這時技術分析派經常志得意滿。

以上這兩種變化都會讓人們印象極為深刻，眾多的投資格言所描述的也是上述的過程。但上述兩個情形卻不是最常見的局勢，真正最常見的現象是：

3. 價格從接近合理 A 變成接近合理 B。合理價本身因新的事件產生了變化。

市場交易的成交價格等於輿論認知的合理價，但投資標的真正的合理價格是多少？其實，人們永遠只能猜測。

A. 有時，眼前的價格仍在狹幅盤整，雖然消息未曝光，但實際上真實價值已產生變化，這種消息就是投資人所稱的「內線」。

B. 真實價值沒變，但因為資訊發達，人們早已根據行事曆邏輯推論未來的價值變化。這時價格看似偏向不合理，實際上依然合理，這就是「預期心理」推動的價格改變。

這兩種情形都是合理 A 變成合理 B 的範例，而非不合理，只是訊息的報導落後市場效率罷了。

影響行情的線索有 4 種，引發行情變化的路徑有 3 類，這

就是投資分析判斷的難處。投資分析的核心工作就是把所有資訊與邏輯推論綜合起來作研判，我把它稱為「找尋認知與資訊的落差」。

3. 認知與資訊的落差

想辨識認知與資訊的落差，就必須對以下兩者有盡量明確的定義：

輿論認知＝「現在價格的合理解釋」＋「輿論認定未來的價格變動方向」（或稱為趨勢）

資訊＝「不包含任何價值判斷的未來事件」＋「未來事件合理的邏輯推論」

在上述定義中，趨勢並不會推動價格改變。趨勢往往需要在市場效率不彰、價格朝不合理的方向前進時，才會特別有效。

舉例說明：

2015 年第一季，歐洲央行宣布執行負利率與 QE 購債寬鬆，這時「德國與整個歐洲經濟很糟」就已經成為輿論認知；「歐洲經濟糟，歐洲央行會一直寬鬆造成歐元貶值」這推論也是輿論認知。但這兩者都不會是後續影響歐洲股市與歐元匯率的真正力量，因為「市場效率」早已將這認知轉化為眼前的「合理價格」。

在這樣的輿論認知下，未來一小段時間看到的經濟數據利空，並非實際上的新資訊，因為那只是現狀的證據，而非新的變化。

那麼，什麼才是「資訊」？什麼才是足以產生影響行情新力量的變化？

如果有數據與消息顯示「歐洲經濟可能不再那麼糟」，方向與原來輿論認知相反，這種資訊即使很微弱，也必須重視。歐洲經濟糟與烏克蘭事件制裁俄羅斯有關，若出現烏俄確實握手言和的消息，人們就會猜測制裁將告終，那麼歐洲經濟就可能復甦。

假如烏俄和解已確實發生，俄國股匯市、歐元、歐洲債券利率尚無反應，那麼「訊息與資訊的落差」就確實存在，我們可以根據這個落差作投資，等待價格變回合理，從中賺取利潤。還有另一種可能：若歐洲經濟變得更糟，而且與原本市場認知的主要理由「制裁俄羅斯」無關，那麼這也是新的資訊，足以影響行情價格。制裁俄羅斯會導致貿易縮減，影響就業，但這不是新力量；可是，如果貿易縮減來自於中國進口機械設備的需求降低，那就是影響行情的新力量。

141

辨識認知與資訊的落差，必須依賴大量的訊息來確認「現狀」；也需要大的邏輯去推論，辨認所有的因果關係。

兩者落差的來源可能來自情緒造成的輿論認知錯誤，也可能來自新的資訊尚未充分流通；所有的資訊都不斷地在更新與變化，投資人永遠不可能掌握完全的資訊。你我都只能根據自己看到的部份線索來作推論與猜測，只是在找尋資訊與認知落差的過程中，必然包含濃厚的主觀觀點。請切記，主觀就是超額利潤的核心來源，主觀不是壞事，但分不清自己的認知是主觀還是客觀，才是真正危險的行為。為了提高勝率，至少要做到幾點：

1. 確認自己的所有觀點與立論基礎，並非來自於自己的投資部位或投資盈虧。比如說，當自己持有俄羅斯基金時，便認定烏克蘭與俄國必然會和談。雖然這可能是合理的觀點，但可信度就不大牢靠，你最好觀察其他無直接利害關係者，是否也支撐這樣的論點。

2. 盡可能找尋不同面向的證據。假如俄羅斯與烏克蘭關係緩和，德國準備結束制裁，俄羅斯股市該有反應，匯市也該出現變化。同樣的，歐洲天然氣價格、俄國出口數量大的工業金

屬鎳價格、黑海小麥價格等等，都應該受到相同事件的影響而出現變化。不同市場的投資人屬性不同，若其中某個市場確實有反應，就能確認自己的推論有可能是對的，可以作為投資俄羅斯股市的依據。

行情與局勢永遠不會變得「更明朗」，當局勢與消息變得更充足，人們也愈來愈認同時，行情也就反應出這些變化。也就是說，一旦局勢不明朗、真假難辨的新資訊轉變成輿論認知，可獲利的價差空間自然也就消失了。因此華爾街有句名言：Buy rumors, Sell fact.（謠言時買進，成為事實時賣出）

這跟運用「認知與資訊的落差」作投資，道理完全相同。只是在實戰運用時，辨認何種謠言是真正的資訊，何種謠言是記者與媒體邏輯錯誤的猜想，是一個精細而且嚴謹的難題。

對多數媒體與投資人而言，認知與資訊的落差會被描述成「不確定性」、「風險」。對此，我的投資座右銘是：承擔風險，換取利潤。

4. 謠言時買進與隨消息起舞的差異在哪裡？

不要隨消息面起舞，是分析師經常告誡投資人的另一種說詞，這跟謠言時買進（Buy rumors）不是一樣嗎？的確，乍看之下的確相當類似。但兩者間真正的差異在於：查證！

所有的新消息與謠言，投資人都應該關注，但其中只有一小部分值得轉化為投資決策。查證並不完全等於辨別消息真偽，畢竟被稱為謠言的消息，本來就不是容易查證的事。只不過，即使無法查證真偽與正確性，投資人還是可以做出以下的判別：

1. 消息夠不夠新鮮？（這是不是真的新消息？還是早已發生但你我沒察覺的事？只要 Google 搜尋一下，很容易就能知道消息是否早就被報導。）

2. 消息最源頭是從哪裡出現的？

3. 消息是否包含記者選擇性的報導，或是過於偏頗扭曲？

4. 有沒有意外性？

5. 有沒有重要性？

6. 多找幾個不同的媒體報導相互比對，看看敘述是否相同？

多想一想，才能猜測先前的輿論認知與新訊息之間，到底存不存在投資獲利的機會。隨消息起舞的陷阱，常常來自於過度相信直覺推論，以及過度相信記者所下的結論。記者不是財經知識深厚的專家，誤判是常有的事，例如 2014 月 10 日 28 月《自由時報》的新聞標題：

「教訓佔中，『滬港通』無限期擱置」

這個標題在新聞報導的當天被大量轉載，許多人信以為真，認為股市將因此下跌。不過只要閱讀內文，就會知道記者掌握的真正事實是：「中國上海證交所及香港交易所的互聯互通機制（即滬港通），未如預期在昨天 10 月 27 日啟動。」

包含標題在內的其他論點，根本只是推論。即使看不懂文章裡的哪些內容是事實敘述，哪些是記者推論也沒關係，但欲知中國的重大政策，看「新華網」與「人民網」這些官媒的說詞比較準，你只要仔細比對，就會質疑香港與台灣媒體報導的可信度。

曾跟中國打過交道的人都知道，中國官方的做法，一向是高層說了算，因此重大事件預告時間本來就是僅供參考。這種

文化差異，很容易造成投資人的誤解。（PS：滬港通在 11 月 17 日正式開通，香港佔中雨傘運動在 12 月 15 日清場，事後證明滬港通執行時間根本與佔中無關。）

　　唯有研究推敲才能知道，一條謠言的真正意義。看到消息的當下別立刻深信不疑，只要腦袋中有質疑的念頭，花些精神查證，這樣你在新聞解讀的判斷上就能有大進步，也就不會跟隨消息起舞。

　　此外，投資分析與交易決策兩者間有相當的距離，多數的新聞資訊經過分析後，得到的交易決策是「不動作」。滬港通只是中國與香港股市題材之一，即使滬港通擱置為真，你也該經過綜合判斷後，才知是否該轉化為立即的交易決策。

5. Step1 如何「看到新聞」？

　　新聞解讀與獨立思考有很多難關，不過許多人都沒有察覺到，最棘手的就是第一道關卡：如何看到一條重要新聞？

　　一份報紙報導的新聞超過 100 則，一個財經網站（如《鉅亨網》）每日新增訊息超過千條，再加上不被重視的個股公告與國外英文報導等等，表示你每天需要閱讀的新聞高達上萬則。但事實上，你根本不可能全數瀏覽，如果這上萬條新聞有一條隱藏重大參考價值的資訊恰好被你遺漏沒看到，即使你具備高深的篩選與解析新聞技巧，還是無法發揮作用。

　　「你為什麼會看到這條消息？」這是我在投資講座中經常被問到的問題。一開始被問到時我愣住了，不知如何回答，畢竟我在財經媒體工作，又花了大量時間做眾多交易，閱讀的新聞量本來就是一般人的好幾倍，閱讀新聞的習慣，早就成了一種反射。直到 2013 年時我因工作關係，到中國開立了 A 股投資帳戶，才有所體悟。由於中國從 2013 年 4 月才正式開放港澳台居民投資 A 股，我與大部份投資人對 A 股的實戰經歷都是一片白紙，大家可以說站在相同的起跑點上。但經過半年，我發現

我仍能比其他投資人看到更多訊息，而且我自認並沒有花費太多時間投入在 A 股新聞的分析上。

「多看新聞」並不是辦法！

經過一年仔細回想與記錄自己做決策的習性，現在我對「如何看到新聞？」這問題已有答案，我之所以能看到其他人沒發現的新聞消息，是因為：

1. 我有系統的看盤。
2. 我習慣使用關鍵字，搜尋更多新聞。

什麼消息才會是重要的？根據「效率市場假說」，行情價格會很迅速的反應重要的新變化，因此當行情有異常波動時，該時間點前後最可能有重要消息產生。從行情變化找消息，成了察覺訊息的捷徑。

當然，所有財經記者也是用這個標準來找新聞題材，他們每天都在告訴你為何這支股票在漲，那支股票跌停，只不過，若上述邏輯成立，投資人應該會覺得看報紙、看《鉅亨網》投資就能得心應手才對，但這明明偏離現實，到底是怎麼一回事？

　　要回答這個問題，又得牽扯到另一個大哉問：「什麼是重要的行情變化？」

　　財經記者要的只是點閱率與讀者目光，所以找尋異常行情的標準不需太複雜，只要把以下幾種行情拿來作報導即可：

A. 急漲急跌。

B. 連續上漲或是連續下跌多日。

C. 創新高或創新低。

　　台灣財經報導的範圍主要集中在台股、主要國家指數與熱門基金，但是對投資人來說，已經發生大漲大跌的標的，反而不是最具投資價值的目標。投資人需要辨認更細微的「異常行情變化」，而這些變化的線索存在於：

1. 標的開盤時段，發生的較異常「急漲急跌」或是「跳空（開盤價遠高或遠低於昨天的收盤價）」。

2. 原本狹幅盤整的行情出現奇特波動率放大。

3. 原本人們習以為常的相關性突然改變，比如台塑大漲，但台化卻出現大跌。

4. 行情對重要經濟數據出現相反走勢，比如央行宣布升息，但匯率反而大跌。

　　媒體一向鮮少報導這些波動性變化與相關性異常，但這些都是十分重要的訊息。一般投資人如果發現這些變化（包含媒體報導的急漲急跌），下一個步驟大多直接判斷行情漲跌合不合理？能否追價？但這時你更該做的是：找消息並且查證。

　　引發異常行情的事件，可能發生在行情變化前後的 48 小時，此時，你可以用標題的中英文名稱（如黃金急漲就用 Gold 做關鍵字），以 google 新聞網頁搜索，把時限範圍縮減到過去 24 小時或是過去一週，就能大幅減少可能需要閱讀的新聞數量。請記得國際總經與非台股（包含電子產業）的相關消息，用英文版 google news 搜尋，所能得到的結果會比較完整。

　　行情價格的變化，可能來自於剛剛才發生的新事件，但也可能是即將公布的數據所引發的預期心理所致。已發生的消息只要靠新聞報導搭配關鍵字搜尋，就能掌握事情的來龍去脈；若影響價格的是尚未發生的事件，那麼從金融行事曆與一些例行公告，也能找到線索，例如 FED 開會、經濟數據、財報公佈、美國因法規到期造成的財政懸崖、石油組織 OPEC 例行會議，甚至是期貨固定時間到期結算等等，都是影響行情變化的重要事件。

這些未來事件的公布時間都非常明確，重要性也不會降低，只不過事件還沒發生之前，媒體報導的興趣普遍不高，因此經常被投資人忽略。

更何況，至今也沒有任何一個財經媒體（包含路透社），能夠做到全面性的蒐集與整理，畢竟每個人對「是否重要」的認知都不一樣，因此，你自己能否搜尋、整理、運用這些行事曆類型的訊息，就成了投資分析成敗的一大關鍵。這不只需要花費時間，還需要細心與專注力。投資老鳥即使經驗老到，但如果沒有充分的專注力，還是有可能投資失利。

看盤觀察的行情價格範圍，當然是愈廣愈好，但每個人一天的時間有限，要能面面俱到相當困難。不過，只要投資人能頻繁觀察以下 5 個投資標的，每天多花 5 分鐘，就能讓自己有更全面的金融視野：

1. **美股指數**：美股指數有很多項，包含道瓊指數、納斯達克、羅素 2000 小型股指數，其中最重要的指標是 SP500 指數（並非廣為人知的道瓊工業指數）。

2. **美元利率**：利率是最重要的領先訊息，也是全球央行影響操控經濟發展的最主要工具，你能觀察的債券種類自然愈多愈好。但若要挑選最重要的觀察目標，可選擇「美國 10 年公債殖利率」與「美元 3

個月 Libor 利率」。

3. **美元匯率**：G7 七大工業國家的匯率都很重要，其中影響最大的是歐元。

4. **原油價格**：原油是所有原物料價格中最重要的一項，西德州輕原油期貨價格是公認的指標。

5. **風險指標**：風險是個虛無飄渺的概念，不過目前已有明確的數字可供參考。以股票為主要投資工具的投資人，可參考美股波動率指數 VIX；以債券與匯率當主要投資工具的，則應該密切觀察澳幣兌日圓（AUD/JPY）交叉匯率。

以上 5 個投資標的中，風險、油價、利率被媒體報導的頻率，遠低於股、匯市，是投資人最需補強的領域。

看盤如果只看價格、看盈虧，只能算是看熱鬧的外行人。真正內行的看盤，不只要有系統地觀察重要指標價格，還必須觀察波動是否異常放大，更必須細心思考不同市場間的走勢之相關性是否合理。

6. Step2 如何拆解訊息？

前面章節提到的滬港通新聞案例，屬於新聞解讀的第二個步驟，這個步驟暫且稱為「拆解訊息」。其實，每一篇文章都包含部分客觀的事實，也包含一些記者的想法與推論，例如 2014 年 11 月 3 日《鉅亨網》報導，標題及內文節錄如下：

聯準會停止購債，美債買氣不減，殖利率可望維持低檔

《彭博社》報導，儘管聯準會上週宣布了正式結束量化寬鬆措施，但是目前美債市場的需求卻未受到影響，依舊是投資人主要投資標的。

彭博資料統計顯示，今年以來投資人總計砸下 5.54 兆美元搶購美債，比實際賣出金額高出三倍，今年投標倍數亦較去年 2.87 高。

自金融海嘯以來，聯準會一直都是美債最大買家之一。分析師先前預期，一旦寬鬆措施退場，美債價格將會下跌，推升殖利率。但目前為止，來自各國央行、保險公司、退休基金的買氣不減，顯示美國借貸成本可望持續維持低檔一段時間。

美國財政部資料顯示，今年八月份外國投資人大舉買進美債，目前已經累計持有 6.07 兆美元的美債。分析師認為，美國薪資成長停滯不前是美債需求量大的原因之一。儘管美國經濟有改善的跡象，但薪資成長停不前，導致家戶支出受限，將對物價上漲造成壓力，這

將對其他固定收益資產價格有負面影響。

俄國與中東局勢動盪亦是推升美債的原因之一，日本與歐洲紛紛推出寬鬆措施，更讓美債殖利率顯得吸引投資人。

分析師認為，只要全球買氣不斷，聯準會退出量化寬鬆的副作用可望降到最低。

如果我們拆解上文的結構，可以發現：

第一段是消息來源。其中客觀的事實只有「聯準會上週結束量化寬鬆」，其他都是推論。第二段是推論的資料來源。10月底結束量化寬鬆，卻拿 1 至 10 月買債數據來解釋 2014 年 11月「目前美債需求卻未受影響」？這樣的推論有明顯瑕疵。

第三段談論金融海嘯至今的現象（如圖 3-6-1），第四段提到的美國財政部資料顯示外國投資人持有 6.07 兆美元的美債，是過去數十年累積的結果。至於第五段有關俄國與中東的局勢是推升美債的原因，這完全沒證據嘛！若市場上真的有擔憂戰爭的避險情緒，股市應該同步下跌，但實際上這段時間股市仍在上漲，顯然這段是彭博記者自己的錯誤推論。而最後一段「分析師的敘述」，說白話一點，聽聽就好。

總的來說，這篇新聞裡，只有前兩段內容描述的是「新發

生的事實」，是投資人唯一可以參考的部分。至於第三段描述
的是ＱＥ終止的歷史背景，第四段以後描述的內容，都是記者
與分析師自己的「推論」，參考價值極低。

圖 3-6-1　2010 ～ 2015 年美國 2 年公債利率走勢圖

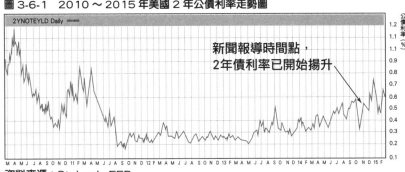

資料來源：St. Louis FED

　　上圖備註：2014 年市場關心美國何時開始升息，由於市場
預期升息可能在 1 ～ 2 年內發生，選擇「2 年債利率」作觀察指
標，能反映出人們對 2 年後利率的猜想，又比 5 年、10 年債利
率走勢更敏銳，更不受升息以外的因素干擾。

　　閱讀財經報導時，必須仔細辨認發生的時間與資料來源，
以排除分析師觀點與記者添加的形容詞及自行引申的論點，才
能拆解出「新發生的事實」。至於這些事實會造成什麼樣的現
象，投資人必須自行找答案。別忘了記者與文章內的分析師，

他們的出發點都是為了吸引投資人目光，而非為你尋找投資方向，對他們言論的可信度都必須存疑。

拆解出事實的成分，辨別事實發生的時間後，不但能評估新聞夠不夠「新鮮」，還可以透過行情的變化來查證新聞裡的推論有沒有道理；或是新聞描述的事實是否因市場效率太高，早已反映到行情價格裡？

新聞裡對行情的分析推論，只有少部份非常值得參考，絕大部分無須在意，尤其是提出該分析結論的人，其知名度與頭銜最容易騙到人，請不要理會某某首席分析師、某某副總裁這些人的說詞。事實上，真正有用的分析言論來自於兩種身分：

1. 該領域的決策者：比如聯準會官員談匯率、談總體經濟的好壞，或是張忠謀談半導體產業、梅克爾談德國預算等等，都屬於這類訊息。由於這些決策者說的話大多不是他的預期，而是他做決定的依據，因此值得重視；但如果是卸任官員或是退休老闆的發言，雖然其專業素養依然高人一等，可是其說辭相對沒有那麼重要。

2. 手握資金的現役投資經理人：有實力的知名經理人一向

不吝於發表自己的看法，缺點是有時「太多嘴」，你只要參考他擅長的項目就好。舉例來說，索羅斯談外匯的可信度高，但是談美股就不一定了；同樣的，如果巴菲特談起利率與總經，其參考度也要大打折扣。

若你能用如此嚴苛的標準來看待所有分析言論，就能確保自己看到的訊息，是以「交易與決策」為目的來做分析，而非以吸引目光或是其他奇怪動機所製造出來的無效分析推論。金融市場的怪象就是總有一大堆不作決策的傢伙自稱專家，找機會指導真正在作決策的投資人，這種球迷指導球員的現象，也是造成資訊品質低落的主因之一。所以千萬別妄自菲薄，最有價值的分析往往來自於自己的判斷，因為自己的判斷動機最純正，也最沒問題。

拆解出財經報導中真正的「新聞」，與新聞事件發生的正確時間後，還要找出新事件還沒發生以前的一般輿論認知。想辦別舊的輿論認知，除了依靠自己記憶中的市場氣氛，也可以查詢舊的分析評論與行情走勢。只要是輿論認知，價格大多已有一些對應反應（在一般狀況下，市場是相當有效率的），分析師也已經在舊的評論中詳實敘述了輿論的看法（迎合輿論觀點本來就是金融分析師的專長，畢竟成功迎合輿論才能獲得最

多的認同與點閱率）。

　　由於資訊與認知的落差未必在事件發生時立刻出現，有時
落差來自於投資人暫時遺忘了未來即將發生的重要事件（未來
行事曆），因此，你必須把所有資訊總合起來評估，才能推論
未來行情最可能發生的變化。

7. 別忘了例行事件

許多分析師會規勸投資人：「未來是無法預測的，別浪費時間了，追隨趨勢吧！」這根本是自己無知與偷懶的藉口。

行情的漲跌當然可以預測，只是無法 100％準確預測；而未來可能發生的「事件」，有一部分倒是可以 100％預知。比如：企業財報公布的時間、聯準會開會時間、經濟數據公布日期、期貨結算日等等，這些對行情有巨大影響力的例行事件，很容易被只關心眼前漲跌的投資人遺忘。只要你肯花時間蒐集這些訊息，就能發揮勤能補拙的功效，讓自己掌握更多猜測未來行情漲跌的依據。行事曆類型的事件相當多，可分為以下幾種：

1. 全球經濟數據：多數的財經網站（如《鉅亨網》、《彭博社》、《Dailyfx》）會把未來一週的資料整理出來，路透中文網不但有各國正確公布的時間，還有預測值。

2. 各國央行會議、跨國財經會議（如 G7 財長會議、APEC 年會）：這些會議時間大多相當固定，只要記得節奏，其他靠財經網站的行事曆提醒即可。

3. 財報公布：公布的頻率一季一次。近年來，企業財報以法人說明會公布的形式愈來愈常見，但獲利預警、董事會決議、併購消息仍以突發新聞的方式公告，通常財報季是這類消息密集出現的時期。

4. 期貨結算：股價指數期貨結算，商品（原油、穀物）第一通知日與最後交易日時間都是固定的，只是對行情影響力時高時低，需要大量專業知識才能做好判斷。

5. 季節性特性：每年美國人總是在感恩節後大肆消費、每年台灣科技產業旺季都是第二季、夏天汽油需求會上升……這些季節特性都會影響行情，但是自己必須牢記，因為媒體不會對此作出提醒與整理。

6. 已發生事件的遞延影響力：貨幣貶值能刺激經濟，但影響將發生在半年後，不是現在；企業大肆舉債後 3 至 5 年，將面臨償債壓力。這類資料極為龐雜，對行情影響的正確時間也不明確，只要你能盡力蒐集與評估這類訊息，就可以讓自己的分析能力晉升為專家級高手。

蒐集、整理與判別這些龐雜的訊息是一項苦工，但這也是

年輕投資人戰勝華爾街大咖與老手的最佳武器，這項苦工可以
靠專注力與細膩的資料紀錄整理，彌補經驗上的不足。當別人
覺得意外的消息卻是你早就知道到的訊息，你就是市場贏家候
選人之一。

圖 3-7-1　依發生時間整理的金融行事曆

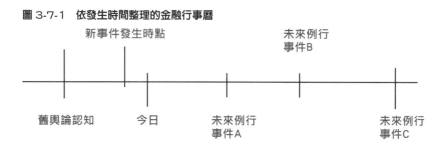

把新聞與所有能查到未來將發生的事件，依時間順序排列
出來（如圖 3-7-1），加上近期發生的新事件，搭配近期市場輿
論的認知，就能夠推論並預測未來一段時間內，輿論認知的變
化方向，而且還能預測輿論觀點可能發生改變的時間點。

8. 紀錄與筆記的重要性

影響行情發展的線索這麼多，如果你希望任何一個網站或投資工具幫你鉅細靡遺地整理妥善，幾乎是不可能的。

媒體雖然對未來即將發生的事情感興趣，但在考量點閱率與聚焦效果的前提下，談論遙遠的未來根本就是自找麻煩。媒體曝光率最高的訊息是過去一、兩週剛發生的事，其次才是未來一週內最重要的焦點；平淡無奇、意外發生機率低的事件，都會被忽略。因此，唯有自己做紀錄，才能擁有一份對投資判斷有幫助的資料庫。

網路時代相當方便，你可以剪貼收藏超連結（URL），也可以用日曆軟體自動進行時間排序。直接把資料紀錄在網路上，不但易於整理排序，找資料時還可透過站內搜尋，把早期自己紀錄的資料挖出來。未來這些財經紀錄若能透過共享，投資人就有機會以更便捷的方式獲得完整的投資資訊。

真正完整的投資筆記，應該還要包含「當時的輿論認知與市場情緒」，只不過關於這一點，媒體不但不會幫忙，還會

嚴重扭曲歷史。比如在 2009 年初金融海嘯「最深淵」時，包括 FED 官員、IMF 主席都在警告投資人，經濟只會變得更糟。明明當時金融專家幾乎清一色看空，作多的投資人必須承擔莫大壓力與絕對的孤獨，但事隔 5 年之後，網路上到處都是自稱「2009 年做多、同時痛批散戶當年盲目恐慌」的金融專家，而承認自己 2009 年全力看空的金融業人士全部絕跡。

隨著時間流逝，「回憶當年」這種行為的可信度會愈來愈低，想辨認過去認知變化，靠自己的紀錄才辦得到。

如果可以，把自己的想法與情緒順便記錄下來更好。許多投資人會感覺自己的判斷準確度不差，但實際執行投資後的結果卻總是天差地遠，這也是選擇性記憶與腦袋自動美化過去的結果：做了正確判斷但沒實際下單交易，自己會印象深刻；做了錯誤猜測卻沒有實際交易的想法，則會被你快速遺忘，時間久了，你就容易自認不下單時總是比較準。一旦交易結果經常不如預期。這種感覺的真相並非不下單時比較客觀，而是有實際交易後，對帳單不容許投資人隨意遺忘錯誤！透過詳實的筆記，能讓這種自我欺騙的行為現形，並且讓自己找到修正投資分析模式，這是提升功力的方式。

其實真正推動行情漲跌的因子，是群眾投資情緒的改變，所有的新聞事件與數據，通通都只是影響投資情緒的原因，但投資情緒並沒有一個客觀量化的標準。你我不過是投資群眾的一員，能接收到的永遠只是片面且不完整的訊息。那麼，究竟要如何客觀紀錄呢？建議記錄方法如下：

1. 紀錄日期與前一天行情漲跌。
2. 紀錄各種媒體與分析師對未來的預測。
3. 主觀紀錄自己在網路上，看到網友發表對未來預測積極程度。
4. 記錄自己的看法。

不會有任何投資人與網友表示：「我現在很恐懼害怕，因此拋售持股。」也不會有專家告訴你：「我現在充滿迷惑，完全看不懂近期詭異的行情走勢。」

但情緒藏在細節中：在媒體與網路上積極發表言論的分析師，大多不是投資人，而這些人最大的期望就是讓自己看起來很準確。因此多數時間內分析師都會謹言慎行，用模稜兩可的話術讓讀者誤以為在做分析，當你發現平常不作預測的網友與分析師，突然變成積極作預測，勇於發表對未來方向的看法，就是輿論情緒亢奮的證據。你可以將這些情緒線索記錄下來，有助於未來檢討自己的分析決策時，能夠復原當時的情境。

9. Step3 細心體會資訊中的矛盾與
不協調

「如何看到新聞？」是新聞分析解讀的第一道難關；「如何察覺眼前的新聞是否重要值得一讀，甚至值得深入研究」，則是第二道難解的關卡。

在找尋與閱讀新聞的過程中，有 95％的消息是你我只要看了一眼標題就棄之不顧的。標題本身是記者與編輯吸引讀者目光的重要武器，因此標題經常會下得比較聳動或是比較有趣。當然這其中也包含了記者本身的情緒，此現象會造成我們在尋找有用投資線索時的障礙。

到底什麼議題值得我們深入研究？其實投資人只需要根據看盤觀察價格漲跌與自己的財經知識來做判斷即可，不需要根據記者的結論起舞。在判斷這個議題是否值得閱讀時，與其看標題，不如看作者與發布的媒體是誰來做決定。

財經媒體與一般新聞媒體經常相互引用，同質性相當高，相同議題的報導看一、兩篇就夠了。如果想了解更深入的訊息，

就必須看專業的產業論壇，或是事件發生當地的報導，如此才有機會看到不同的觀點。

舉例來說，有關烏克蘭與俄羅斯的爭議，台灣媒體的報導清一色幾乎都是西方的觀點，認定俄國出兵侵略烏克蘭，但如果看俄新網，就會知道俄國在烏克蘭的立場與美國在中東立場沒什麼兩樣，都是提供物資扶植魁儡政權。拜中國逐漸強大之賜，網路上能找到中文版的外國資訊十分豐富，現在要取得不同來源的訊息與觀點之難度已經大大降低。

在閱讀訊息時，細心體會資訊中的矛盾與異常相當重要，這是找到別人看不到的線索的重要步驟。對於消息時時保持好奇心與質疑，叫做「科學態度」。「科學態度」會讓你不斷思考邏輯因果關係，不斷思考是否合理？是否有相反案例？細心觀察，嚴謹思辨，這似乎是無法透過上課與閱讀就能訓練出來的技能。有理工科背景的投資人，長期接受這樣的思考模式，或許讓他們在分析資訊時的確比較具有優勢。不過要辨認什麼樣的懷疑是合理的、什麼叫做異常，則需要龐大的財經背景知識，這又是具有金融相關背景的人才能辦得到。也就是說，能用科學態度分析並檢驗財經訊息的人，事實上並不多。

舉例說明：2014 年 9 月 5 日美國 SP500 創歷史新高，這正常嗎？

1. 以 2014 年美股強勁走勢，已出現近 30 個交易日創歷史新高來看，一點都不稀奇。

2. 根據當天公佈的美國非農就業數據，公佈值＋ 14.2 萬遠低於預期（預期值＋ 23 萬），也遠低於過去一年的平均值（＋ 21 萬），以經濟學角度來看。股市上漲是異常！

3. 由於當時市場輿論氣氛認定 Fed 可能提前升息時程，升息是股市利空，就業不佳反而成了減緩升息疑慮的利多，因此股市上漲是正常。

4. 從債市來看，就業不佳債券殖利率該下降，但當天債券利率仍上升。顯然，這又是異常！

上述的思考過程包含了非常多的財經知識，沒有足夠的觀察與認知，你就難以做出後續的解析與評估。

我對 2014 年 9 月 5 日 SP500 指數走勢的綜合評估結論是：就業分項中薪資仍在增長，顯示企業以提高工作效率來應付需求增長，而非需求放緩讓企業徵員意願低落，因此市場認定就業數據下降是短暫的，並不是重大利空。

　　而債市的反應才是正確的，顯示經濟增長與央行政策緊縮預期持續。真正異常的是就業數據，就業數據可能只是短暫下滑，並不是趨勢起點。不過股市上漲會受到數據不確定性與緊縮猜想牽制，創新高易引發獲利了結賣壓，造成行情反覆盤整。

　　只要做出方向性的判斷，就必然包含主觀多空看法。很不幸，不論根據分析作的交易決策是賺錢還是賠錢，結果永遠包含「機率」。贏錢不一定是分析的功勞，賠錢也不一定等於分析錯誤，賺錢可能純粹只是運氣。分析的結果不存在標準答案，也不存在輕易可辨別對錯的方式，投資人只能不斷找尋訊息中的異常成分，探究原因，猜測對未來的影響力。

　　當他人與媒體將行情局勢發展視為重大意外而驚訝不已，而你卻發現自己早在上週就已沙盤推演過時，你一定會驚訝地發現：「喔，原來我的新聞資訊分析功力還不錯！」

10.Step4 用想像力與邏輯推衍做預測

　　想要根據手上掌握的資訊來預測行情未來的發展，第四個步驟是當中最大難關：「想像力！」很多人一定覺得不可思議，攸關幾百萬、幾千萬盈虧的投資決策，怎麼可以靠想像力？這涉及到一個根本的問題：為何要作預測？

　　許多投資專家主張：「不要有主觀，行情未來根本不可能預測，因此沒有看法才能作到客觀的投資決策。」這根本是可笑的說詞。

　　連球賽結果都能預測，行情當然也可以預測，只是預測不可能非常準確罷了。預測的目的是對未來提供決策線索，就如同預測天氣一樣，如果預測不準就不去預測，那為何每個國家要花大把經費設立氣象預測單位？如果投資人滿腦子以追求準確為目標，才會以為放棄預測就能達到永遠不犯錯的境界，那麼這就跟因咽廢食的邏輯一模一樣。

　　分析可以客觀，但只要作交易決策，就必定包含主觀預測。

　　人類隨時隨地都在作預測，就如我們預測綠燈時過馬路不會被車子撞到；預測眼前的惡犬狂吠時，再往前走可能會被咬。這些預測都接近本能，不需要花太多腦袋思考，科學家稱之為模式辨識（pattern recognition）。為了應付生活中各種情境，人們會自動根據過去的經驗與邏輯，歸納出下一個最可能發生的現象。

　　有些預測複雜許多，完全正確的機率也大幅降低，但我們的行為仍高度依賴預測分析來擬訂應對策略：

1. 明天會不會下雨，我可以完全無視天氣預報的說詞，只看天上雲量做猜測，反正猜錯只是淋個雨，或多花錢買把傘罷了。

2. 下週要不要跟家人去海邊玩？即使氣象預報常常不準，多少還是會看一下，畢竟如果有颱風或是暴雨的可能性，不但會有預訂旅館的金錢損失，還可能會有生命安全的疑慮。

3. 一個月內美國總統腦波被外星人侵入控制的機率不高，但機率不等於 0，在美國總統沒有出現極怪異言論與行為之前，我們不需要為此改變生活步調，也不需要花費精神做評估。

　　分析預測得到的是各種情境發生的機率，但人們做決策時，如果認定遭遇損失的下場嚴重，即使發生的機率偏低，依然會相當重視。有時候發生機率愈低的情形，後果大多愈慘烈（如

果美國總統被外星人控制，全世界一定很慘），但人們不可能為所有的低機率事件未雨綢繆。那麼，究竟哪些風險該承擔，哪些風險該規避？這就是一個決策者該好好思考的事。分析預測的目的就是要讓我們洞悉未來所有的可能性，即使發生機率不高，也要盡力猜測發生時可能造成的影響力。

提高自己的想像力，讓自己對行情發展的揣測更為寬廣，不被眼前所見的短暫規律影響十分重要，可是又不能過度天馬行空，到底該怎麼辦？科學家常說：「大膽假設，小心求證。」這概念也可以用在財經分析上。如何大膽想像行情未來的變化？投資人可以像考古學家，先細心探究過去曾經發生的極端案例。

行情千變萬化，但人性亙古不變。從 1637 年的鬱金香泡沫開始、到 2008 年金融海嘯、2013 年比特幣狂熱，價格變化遠遠超過人們的想像，但問題的本質、輿論的發展、金融專家的評論，幾乎沒有什麼差別。

事實上，研究過去曾發生的行情，有助於擴展自己對行情發展的想像。美國要升息，可參考 1994 年葛林斯班（Alan Greenspan）從連續降息轉為升息時，觸發墨西哥金融危機始末；評估人民幣升值與中國房市熱潮，可回顧 20 年前的日本情勢。

過去的金融史，其實提供了非常豐富的行情變化資料。

既然行情預測的目的是評估各種情境的發生機率與後續的影響力，以利我們擬定因應策略，那麼對行情的想像就不能只有價格。如果只是預期道瓊工業指數會漲到 30,000 點、預期台積電上看 1,000 元、預期中國將成為全球經濟最強大的國家⋯⋯那麼這些說詞只是毫無意義的喊盤，聽聽就好，投資參考價值非常低。

「因 PC 產業沒落，台積電技術與財力終將獨霸半導體業，因此台積電未來可望併購 Intel，這時台積電股價上看 1,000 元。」這個猜測包含因果細節，那麼投資人就可以根據局勢發展自行評估實現的機率，這才算是馳騁想像的分析預測。

不要只猜漲跌，還要「猜原因＋猜時機＋猜對後續不同標的」之影響，甚至猜測經濟數據未來的變化與國際局勢未來的演變。 猜得愈詳細，不準確的可能性會愈高，但詳細的猜測能讓自己更容易檢驗預測的對錯，也能在新的變數出現時快速因應，並且修正微調原先的預測。

而追求準確的分析師會反其道而行，盡量模糊自己的說詞，

這也就是為什麼很多人不易理解「追求準確有害真實投資」這句話的意涵。你必須了解預測的真正目的後，才能勇於放任自己的想像力，做出與眾不同的邏輯推論。

11.主觀看法會不會只是自己的偏見？

透過自己的邏輯推演得到與其他投資人不同的看法時，這分析結論必然包含了主觀與想像。主觀本來就是超額利潤的來源，但自己的想像會不會過度不切實際，偏離現實？這是每個人都會擔心的問題。再以預測台積電股價將上看 1,000 元為例：

輿論認知＝「現在價格的合理解釋」＋「輿論價格變動方向」＝現價 120 元＋代工製程獨霸，全球半導體需求穩定上升，獲利水漲船高。

資訊＝「不包含任何價值判斷的未來事件」＋「未來事件合理的邏輯推論」＝ PC 產業衰敗，Intel 獲利下降＋台積電可能併購 Intel，股價上看 1,000 元

台積電要併購 Intel 這個電腦 CPU 霸主、過去 30 年全球半導體龍頭的企業，是一個充滿想像力，大膽且接近癡人說夢的預測，雖然機率不是 0，但也不會輕易成真，只有在特定情境下，這個邏輯推論才會變得合理。而這個情境，就是做分析時需要掌握的未來變數。

Intel 如果獲利穩定，前景光明，就不可能被併購，只有在困境時才會以整併求生存。我們可以合理推論：Intel 會陷入困境，若不是產品被競爭對手取代，就是整個半導體產業陷入困境，倘若台積電要鯨吞 Intel，還必須擁有足夠的現金才行。不過，顯然這樣的條件當下尚未成立，未來如果會發生，必定能夠從半導體新聞與 Intel 財務中找到線索。

當沒有新聞與數據線索時，台積電上看 1,000 元是妄想、鬼扯淡、漫天喊價；當線索出現時，台積電上看 1,000 元是發生機率低，但值得關注的大膽分析預測。

一切條件與時機都合理時（比如說下個世代晶圓廠建廠前），大膽的預測就能變成押注做多買進的決策。

馳騁想像力的分析，必須包含情境與時機猜想，還要有數據與消息支撐，才能轉化為投資決策。但是現在的數據與消息，如果只是簡易的邏輯分析，得到的結果大多等同「現在價格的合理解釋」，要找出多數人不知道，但又不是鬼扯淡的發展，就需要深厚、廣博的產業知識與總體經濟認知。

1992 年索羅斯狙擊英鎊大獲全勝，是因為他徹底了解 1992

年2月歐盟國家簽訂的《馬斯垂克條約》與當時聯繫匯率制度的弊病，但是真正觸發英鎊崩盤的因子是當年7月德國升息的舉動。多數人看到德國升息只會想到德國馬克升貶，但索羅斯靠自己的總經知識，與對剛簽約的歐盟制度認知，做出了大膽的猜測：英國央行將史無前例的失手被打敗。最後，索羅斯贏了。

用想像力預測，到底是自己的偏見，還是可轉化為獲利的資訊偏差？的確不易分辨。然而，最後值不值得投入資金押注，只有自己能評估（畢竟多數人看不懂的才叫做資訊落差）。

請記得：用想像力做預測的確會包含很多偏見，但不用擔心，只要設定合理的情境與時機條件，偏見與妄想會在轉化為投資決策的過程中被排除。要相信自己，又需要想辦法辨別自己思路中可能的錯誤，當然不是易事，只有不斷從實戰分析中累積經驗，才能迅速從局勢變化中，率先找到投資機會。

12.如何相信自己？

　　「相信自己」看似簡單，實際上需要嚴謹地建立思考邏輯。
當市場在泡沫末期，所有的分析輿論都會像即將跳海的旅鼠一
樣瘋狂，但是市場犯錯時，正是你我投資賺取超額利潤的絕佳
時機，此時也是自己會容易猶豫的時刻。

　　這就是巴菲特所說的「當人們貪婪時要恐懼」，不過順勢
技術分析的信徒會說：「當你發現路上每一台車都在逆向行駛
時，說不定是你自己在逆向。」你該如何判斷群眾與自己，兩
者到底誰對誰錯？重要的投資關鍵時機，輿論無法提供太多參
考線索，自己也很容易在一堆自相矛盾的投資格言中迷失方向。
如果這時想用自己投資部位的盈虧來判定投資決策是否有誤，
又會陷入另一個嚴重的決策錯誤陷阱。

　　本書不斷強調的核心投資概念是：「盈虧包含機率，無法
拿來當作判定對錯的基準。」只要一個人的投資生涯夠漫長，
遭遇連續虧損 5 次的機率就會接近 100％，但實際上造成虧損的
決策並沒有任何錯誤，只是運氣差。在這種情形下改變分析決
策原則，反而會讓後續的投資變得一團混亂。

要相信自己與眾不同的分析並沒有犯錯，最好的依據是：

1. 自己過去累積的交易經驗與統計數據。

2. 了解交易對手的想法。

要相信自己這次的決策可以獲利，最大的靠山應該是自己的交易經驗，而非無邊無際的自信。只要做過數十次交易，就能統計出自己的勝率，以及可能遭遇的最大虧損金額；也能估算把虧損賺回來所需要的時間，還能知道自己勝率最高、最有把握的情境是什麼。如果自己的交易統計數據顯示：即使這筆交易虧損，也能很快在未來幾筆賺錢的交易中賺回來，那就不會產生過度恐懼，也不易失去自信。

分析準確並不是信任自己的依據，賠得起、賺得回來的經驗，才是自信的根源。

找出適合自己的風控、資產配置細節、適合自己的投資節奏，跟學習投資知識一樣重要，而且這項工作永遠無法速成。只有透過一次又一次的實戰交易的統計數據，才能知道自己是否已擁有穩定可靠的投資原則。當這些數據顯示你已是一個可以累積財富的投資人時，「相信自己」就會變成理所當然。

2015 年 1 月，瑞士央行突然棄守歐元兌瑞郎匯率底線，造成瑞郎暴漲 30％，創下已開發國家匯率波動幅度新紀錄。事後分析師們忙著分析解釋如何避開這樣的異常行情，但我認為這些說詞毫無意義。會不會遭遇意外根本是機率問題，該檢驗的是自己的風控。

我的習慣是，期貨使用槓桿 5 倍，投資分散到 3 個以上相關性低的投資標的。假如真的持有瑞郎空單，這樣級別的意外會讓資產瞬間腰斬；但這樣的損失，有機會在 2 ～ 3 年內弭平虧損賺回來。因此經歷了瑞郎事件，我對於自己的風控機制又多了一層信任。

此外，**比較自己與交易對手的觀點，也能提高自己分析的可信度**。不論再怎麼奇怪極端的行情，多空雙方一定都有合理的觀點，找出與自己看法相反的投資人的想法，是辨認自己是否犯錯的不二法門。如果找不到交易對手合理的看法（比如 2014 第四季買黃金，2014 年底買原油的投資人真正的想法），那犯錯的很可能就是自己。

如果自己能確認多空雙方最合理的觀點，再來就是比較誰的觀點包含更多的「未來事件評估」，舉例來說：

　　2014 年底油價一直跌，此時該做多嗎？不一定，做多者如果只是認定空方盲目從眾，是沒有用的，因為自己也可能只是「盲目逆勢低接」的傢伙。看空者最合理的理由是 OPEC 沒減產，美國頁岩油產能一大堆，其他國家需求疲弱；看多者最好要找到市場尚未認同的供需改變因子，才能成為贏家。

　　油價 50 元，北美許多油砂、頁岩油產區會因虧損而停產是做多的好理由，但這個因子最好能轉化為數據（比如說已看到 EIA 報告庫存下降），或是已能評估減產何時發生，這樣才算是「未來供需已改變」。

　　總之，「我看到未來一個月內新的變化的證據，而且跟我看法相反的投資人可能還不了解。」這就是「相信自己」的最好依據。

13.Step5 綜合評估與嚴謹查證自己的 預測

大膽假設如果沒有搭配小心求證，得到的結果可能是笑話
或是一場投資災難。查證可以分為幾個面向：

一、同時觀察多個市場對單一事件的反應：

西元 2010 ～ 2011 年，美國仍在金融海嘯泥淖中，歐洲爆
發了歐債危機，市場輿論認為已開發國家沒救了，未來經濟的
領頭羊一定是中國。當時我根據自己的研究與評估，認定中國
未來幾年經濟的問題極大，不該作投資（為了獨排眾議，我把
這些分析寫成《2012 中國不能說的秘密》一書，在 2011 年 1 月
出版）。這時我的觀點是否有嚴重瑕疵？

觀察上證指數走勢不是辦法，當中國股市已跌到可證明我
的觀點正確時，這項分析也已經失去投資（作空）價值。因此
需要以其他行情走勢來當佐證。

2008 年金融海嘯後，中國經濟異常強勁的原因是源自於當
年推出的四兆元刺激經濟方案，全力推動基礎建設，這也帶動

了全球原物料價格的漲勢。因此在 2011 至 2012，以銅價與鋼鐵價格作為中國經濟是否陷入衰敗的佐證，就有相當好的效果與領先性。2011 年銅價已出現暴跌 30％的行情，當時的上證指數還在 2800 點以上，以銅價作為查證自己對中國經濟的預測依據，就具有相當不錯的投資實戰參考價值。

圖 3-13-1　2010 ～ 2014 年銅價走勢圖

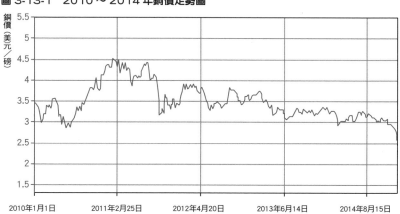

猜上證漲跌要看銅價（見圖 3-13-1），猜加幣走勢要看原油價格、猜台灣機殼大廠可成（2474）的漲跌需要觀察美股 Apple 的動向。不同投資標的之間的因果關係與基本面知識，是希望提升自己分析預測功力的投資人，該花時間作的功課。

二、利用搜尋去找尋與自己觀點類似的評論：

正常狀況下，你我都不可能是全世界唯一作出與眾不同行情分析的人，如果行情推論真的符合邏輯，網路上找得到類似觀點的機率相當高，只是主流媒體與金融機構不願意談論罷了。

2014 年底油價大跌，下跌初期輿論大多認定這對股市與經濟非常有利，但我持相反觀點，理由是：油價下跌會造成小型能源公司償債困難，手中握有大把資金的中東主權基金也會賣股票，以應付國家財政開支。

這樣的推論的確獨特，但當時用 Google 搜尋「oil junk bond」與「oil sovereign fund」，就已經能找到不少觀點相同的文章。英文的財經分析文章數量遠遠多於台灣的中文報導，如果搜尋的結果發現自己的觀點真的是全球獨一無二，那最好假設即使自己是對的，行情也不會立即反應，多觀察一段時間也無妨。

三、為自己的分析設定時間底線：

作分析時，如果得到的結論是「美股總有一天會下跌」，這幾乎毫無意義。一個有投資參考價值的分析，不但需要猜跌方向，還需要猜最可能的發生時間。因此，替自己的分析設定一個有效期限，是檢驗分析內容是否偏頗的重要工作，假如設

定不出來，那就表示自己掌握的資訊仍有不足。

　　舉例：2014 年 10 月看壞美股，理由是消費有疑慮，這個分析的有效期限，就應該只到美國感恩節前後為止，因為感恩節是年終消費的最高潮。時間到了美股並沒有下跌，不等於需要翻多，而是需要重新評估多空。由於 2014 年 11 月意外出現的多個國家央行貨幣寬鬆行動，感恩節後的重新評估認定依然看空，理由是寬鬆製造泡沫。這時新設定的看空期限就應該到全球寬鬆結束時。（PS：2015 年歐洲的寬鬆在 4 月疑似失效，中國降息對推升上證指數效用到 7 月告終，美股在 8 月出現大幅下跌）

　　投資分析沒有標準答案，漲跌也不完全等於對錯。設定分析有效期限可以逼迫自己作全新的局勢分析，避免自己在盈虧中產生不當執著。

四、避免無限發散的邏輯推論：

　　金融局勢推論，如果是發散邏輯，那就表示行情很可能已經處於泡沫末端。例如：歐洲因為經濟惡化需要寬鬆，寬鬆造成歐元貶值美元升值，易導致油價下跌，油價大跌又會讓歐洲通膨快速下降，引發更多寬鬆需求。一切看似合理，但這邏輯

只要無限循環下去，就表示油價低點應該是 0 元，而印鈔需求
等於無限大，這就是荒謬的發散邏輯典型案例。

圖 3-13-2　2013 ～ 2015 年美國輕原油 VS 歐元走勢圖

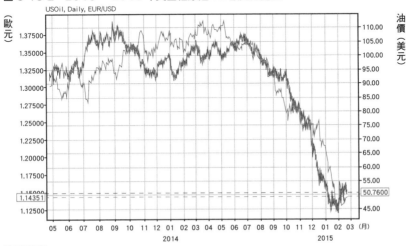

資料來源：Dailyfx

　　油價與歐元走勢同步性的確有一部分來自於美元強弱，但
高度正相關仍是一種巧合。上圖明顯呈現：2014 年 7 月之前相
關性沒那麼高。

　　美元升值對油價影響力比人們認知的還低，供需與季節性
才是影響油價的最大因子。只要不是比對兩者 6 個月內的相關
性，而是比對 10 年歷史走勢的相關性，就能輕易破解上述發散

邏輯的錯誤，並從中找到資訊落差與投資機會。

　　當投資人知道如何檢驗與修正自己的猜測時，未來做預測時將會更有自信。

14.學習不從眾的獨立思考

　　獨立思考與反指標心理是完全兩回事。獨立思考是從所有
的訊息線索中自行推演情境變化與發生機率，最後得到看多或
看空的結論。反指標心理只是把盲從變成盲目不相信，同樣是
被別人的論點牽著鼻子走。

1. 想像一下你的交易對手在想什麼？（你的交易對手不是笨蛋，他是
   另一個專家或法人大咖。）
2. 想像一下最誇張的局勢發展是什麼？
3. 別把政府與企業老闆當死人，想像一下他們的應變措施。
5. 盡量掌握最全面、鉅細靡遺的資訊，在心中描繪出明、後天、未來
   一週，甚至未來一季金融演變所有的細節。

　　審慎評估這些推論細節相互之間是否存在矛盾。然後開始
收斂你的想像，挑出矛盾最少的局勢發展方向，猜測最可能的
局勢變化時間點與最需關注的變數。這時你得到的多空結論，
就是傳說中「行情阻力最小的方向」。

　　即使不從眾，最後還是可能得到與從眾完全相同的投資決

策答案。獨立思考的答案與從眾、順勢的結果有極大的差異，能讓人們了解所有推論的原理與因果，因此能設定分析的有效時限。

隨著時間流逝，有些預期會變成輿論已知，有些預測不會實現，新事件不斷發生，上百種行情不斷變化跳動。獨立思考的投資人能隨時修正猜想，找出當下勝率可能最高的決策。**切記，從眾、反指標、順勢、逆勢這些死板的規則，會讓你在遭遇最新的行情變化時，難以做出最即時的應變。**

解釋過去並非投資人的目的，解釋過去只能獲得分析未來的一部分線索，以這些線索當基礎，才能預測未來。比如 2014 年第四季油價大跌到底是經濟衰退害的？還是頁岩油生產過剩？或是季節性需求過剩造成？在 2014 年底，上述每一個理由都合情合理。

分析師會把所有理由通通列出來，展現自己廣博的專業知識。但是對於投資人來說，從中挑出單一最可能的原因，有絕對的必要性。不同的原因，會造成未來推論油價止跌轉折的時機不同，需要觀察與油價有相關性的其他金融標的也不一樣。

1. 如果油價下跌是經濟衰退造成需求下降所致，那麼行情回升時機將遙遙無期，股市可能出現補跌，煉油廠毛利會大幅下降。

2. 如果油價下跌來自生產過剩，高成本的生產商將被擠出市場。產量下降後，油價將能輕易反彈至生產商的平均成本，但不易恢復至百元水準。這時股市應該不大受到油價影響。

3. 若油價下跌原因是季節性供需變化，那麼生產商將會持續生產囤積，春天到來時油價自然會大幅上揚。油價下跌造成的探勘投資中斷，甚至可能讓油價直衝歷史高價。

對過去不同的解釋，會讓你在邏輯推論未來展望時，產生巨大差異。

學習獨立思考，無法從回溯已發生的歷史行情演變得到助益，歷史紀錄不但嚴重殘缺不全，而且還會包含扭曲與錯誤。還記得 2008 年金融海嘯股市崩盤是怎麼發生的？ 99％投資人會說次貸是遠因，雷曼倒閉則是觸發暴跌的核心事件。

事實上 2008 年 9 月 7 日，房利美與房貸美兩家次貸元凶已被美國政府接管，2008 年 9 月 15 日，雷曼正式提交破產申請。這兩起事件宣布後，道瓊還在 11,000 低檔盤整，直到 2008 年 9 月最後一週，股市才一瀉千里下探至 8,500 點，原因是投資人對

當時即將發表的就業數據感到恐懼。

但回溯歷史資料，卻完全看不到這樣的細節，只有親身經歷 2008 年風暴，而且至今還有記憶的人才會知道。

想當金融市場的掠食者，請不要拚命學習綿羊與旅鼠的行為準則。獨立思考沒有捷徑，沒有簡單的判斷方法，只有自己能完全了解自己腦袋在想什麼，只有自己知道自己會產生什麼樣的情緒反應，投資人只能靠著一次又一次的實戰分析體驗，從不斷累積的經驗中磨練自己。

15.設計交易決策與執行

　　行情分析與交易決策兩者並不相同。行情分析是評估機率，
盈虧的期望值；交易決策則需考慮到自己的資金狀況、風險承
受度，以及打算投入觀察行情，因應變化的時間與精力的多寡。
相同的分析結論，不等於人人都適合進場做交易。

誰才有資格進場？

　　賠得起，而且有時間、有耐心承擔波動的投資人，才有資
格進場，才能從未來的行情變化中賺到錢。

　　做交易決策時，首先必須了解自己的習性：沒有任何一種
投資策略適合所有人。

　　你適合作長期投資還是短期投資？巴菲特靠長期投資賺大
錢，不等於人人都適合做相同的投資決策。巴菲特的富爸爸開
證券公司、當國會議員，他是毫無經濟壓力的富二代，一畢業
剛開始做投資就能集資數十萬美元。如果巴菲特年輕時就背負
巨大經濟壓力，收入僅供餬口，或許就不會有這位股神出現。

此外，野心巨大、愛冒險的投資人，會覺得長線投資賺錢緩慢，很容易受到其他短線的漲跌誘惑，頻繁變換標的，即使做出正確的分析也可能錯失行情。做短期投資的人，需要有強大的心理素質，來因應反覆無常的行情變化與海量資訊。

保守的投資人若在行情波動中產生過多恐懼，決策時猶豫不決，再怎麼奧妙的分析，慢半拍都可能變成反效果。

投資風格與自己的性格有極大的相關性，無法強求。投資人務必要想清楚自己的偏好、目標與野心，在作交易決策之前，就該設想好最可能的持有時間長短。新聞解讀得到的投資決策線索應該包含：

1. 新聞事件到底值不值得進場押注？（請記得自己賠不起，承擔不了波動的時候都該選擇觀望，耐心等待下一次機會。）

2. 新聞事件的影響時間長短。

3. 該事件影響的投資標的。（有些是直接受影響，有些是間接的，不同標的可以做為相互避險搭配，或是後續抓取補漲補跌行情的備案。選擇適合投資標的，比選擇多空方向更重要。）

4. 投資標的多空方向。

5. 根據行事曆猜測方向可能轉折的下一個時機。（行情不見得會轉向，但至少能讓自己知道何時該密切關注行情變化。）

．

　　無法從新聞解讀得到線索的是「行情的波動程度變化」與
「目標價」。這兩者與當時的市場情緒，以及籌碼集中度有關，
這也是投資需要風險控管，預留可承受波動空間與時間的主因。

　　一般常見的價格停損機制設定的原始目的，是避免單筆投
資決策失敗時遭遇過度巨大損失，但是價格停損決策，必然是
與自己分析觀點相反。矛盾的思緒容易造成自己判斷猶豫與混
亂，阻礙執行。

　　許多成名的投資贏家，在關鍵時刻的決策都違背「嚴守停
損」的說詞：索羅斯在 2008 年金融海嘯時持有雷曼股票至價格
歸零，持有巴西石油至價格腰斬，還大量攤平，結果反敗為勝。
巴菲特持有可口可樂在 1998 ～ 2005 跌跌不休，依然不在意。
傑西李佛摩的投資心法高度推崇投資紀律，要求自己虧損 10％
就停損。結果依然多次違背原則破產，他要兒子謹記，永遠要
保留一份備用資金。

　　讓自己能在金融市場存活的最重要工作，不是嚴守停損，
而是徹底的資產配置分散。

　　以猜測行情變化的時機代替用價格設定停損，具有相當多

的優勢，腦中不會有矛盾。時間到了就該作新的局勢研判，納入最新出現的資訊，與未來即將發生的金融行事曆事件，重新評估市場輿論認知與情緒，再找出當時情境勝率最高的標的與部位配置。這時作出的交易決策，才能做到本篇第一個章節所描述的原則：

過去不等於未來，根據行情未來漲跌機率作決策，不要受自己盈虧與眼前看到的漲跌迷惑。

將分析轉化為實際投資決策案例（請見下圖）。

圖 3-15-1　2014 ～ 2015 年黃金走勢圖

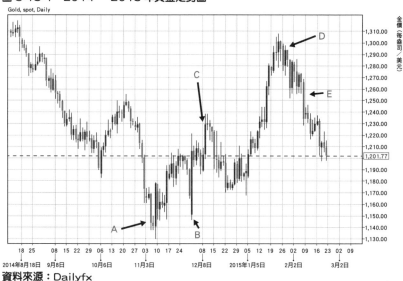

資料來源：Dailyfx

　　A 時點：2014 年 10 月底時出現一條新聞：「摩根大通 1 週賣掉 11.3 噸黃金金庫倉位驟降 41％」，這條新聞的源頭來自於中國的外匯網站，多數媒體評論認為這是華爾街大拋售黃金，黃金必跌的證據。

　　不過對黃金市場有較深入了解的投資人就會察覺事有蹊蹺：摩根大通的貴金屬業務並不是投資黃金，從漲跌中賺錢（就像台灣最大證券公司元大證券不會大量持有台積電股票），它是交易商，提供仲介與貴金屬倉庫儲存服務。「賣掉 11.3 噸黃金」根本是錯誤報導，「金庫倉位驟降」才是真正發生的事件，大賣黃金的是摩根大通的客戶才對。

　　不過黃金交易有個特性，由於檢驗金條重量，檢驗含金純度流程繁瑣，多數實體黃金交易商只願意買回自己售出的黃金，其他的金條交易都會加收高昂檢驗費，因此，願意把黃金從金庫搬走的只有極少數的巨型對沖基金與各國央行。

　　這條新聞真正的意義不是有人大量拋售，而是有人大量買入而且把黃金搬走。

　　再檢驗另外兩個重要的庫存資料：黃金 ETF（GLD）庫

存與 COMEX 交易所黃金期貨庫存，發現 GLD 庫存沒動，COMEX 少了 30 噸，總共被提領的黃金現貨高達 40 噸！這時猜測最可能買黃金的單位有兩個：俄羅斯央行與瑞士央行。這時有明確的資訊與市場認知落差，因此進場買進黃金。由於兩者可能收購黃金理由大不相同，因此交易工具選擇黃金期貨，目標是中短線操作。

B 時點：瑞士黃金公投結果出爐，果然被否決，但黃金走勢反而開低走高，讓一大票分析師跌破眼鏡，啞口無言。這時就能猜測先前收購黃金的應該不是瑞士央行，最可能是俄羅斯央行買走的。由於俄羅斯受歐美制裁，俄國人可能擔憂數千億美元外匯存底遭受被凍結的威脅，因此購金與持有行為可能較持續不間斷。

這時當然看多黃金，但交易決策略有改變：黃金可作更長線投資。持有黃金期貨，等同需要支付倉儲成本，時間價值是負數，因此並不適合長線持有。持有金礦公司，能夠獲得開採提煉產生的配息收益，因此這時打算更長期持有，選擇以金礦股 ETF 作為加碼工具。

C 時點：美國就業數據公布，由於短線上黃金仍受到市場

對升息預期影響，因此公布前黃金期貨作出脫，公布後雖然就業數據亮麗，但債券價格顯示升息預期並沒有轉濃，這時再度買入期貨持有。

D 時點：美國 FOMC 利率決議，同樣是升息預期加溫的高風險期，因此再作一次先賣後買的短線交易。

E 時點：美國就業數據數值遠優於預期，債券利率開始大幅揚升，這時出脫黃金期貨，但金礦股 ETF 繼續持有。比對黃金與金礦公司 ETF 走勢也會發現，金礦公司 ETF 走勢在 2014年 11 月後遠比黃金現貨強勢，或許有其他對沖基金大咖也作了類似決策。既然黃金仍然看多，何時可再買黃金期貨？答案也相當明確：等利率上升告一段落（最可能是某次 FOMC 利率決議之後），就會再度出現買進機會。

圖 3-15-2　2014 ～ 2015 年黃金 ETF 與金礦公司 ETF 價格比對圖

資料來源：google

上述的內容只是 4 個月時間裡投資黃金最重要的決策變化，每一天、每一週都有各式各樣的新事件出現，只不過這些事件對決策的影響都是「原本的交易決策不需調整」。資產配置上，黃金部位只三分之一，所有行情波動都沒有觸及難以承受虧損的界線，不須採用停損的原因是，進場前槓桿與資產配置設計良好的功勞，與分析是否精準無關。交易結果呈現有時逆勢、有時順勢，這才是不受眼前漲跌左右所作的交易決策正常的現象。

雖然單筆短線交易有賺有賠，但是交易判斷邏輯相當一致，不會有矛盾而造成腦袋打結，勝率與損益也不至於太差。

相同的交易經驗執行多次後，就可以感受到用新聞分析來設計交易決策的好處，雖然必須花費相當多的時間與精力，但這確實是可行的累積財富之道。

一滴墨水渲染範圍會有多廣？
要視墨水低到什麼樣的素材與環境而定。

新聞分析解讀也是如此，只關注新聞，不關心背景環境與市場氣氛
就無法得到有效的答案。

四、投降篇——學不會投資的替代方案

投資世界的終極贏家，不見得是人生勝利組。請永遠記得，30 年代美國金融大蕭條時期，叱咤風雲的投資鬼才傑西・李佛摩（Jesse Livermore）曾經靠著炒股成為世界首富，但最終他卻舉槍自殺結束了一生。投資應該只是輔助你達成人生夢想的選項之一，不浪費時間鑽研投資，說不定你會活得更愉快。

小故事　為何巴菲特推薦投資 ETF ？

　　巴菲特是當今世上最偉大的投資大師，每年巴菲特寫給股東的信被人們視為投資聖經，巴菲特的投資哲學與選股方式，被當作是長期投資致富的必學功課。不過近年來，巴菲特不斷強調並推薦投資指數型基金（ETF），這與巴菲特自己的投資行為大相逕庭。

　　為何巴菲特不鼓勵投資人多多向他學習？巴菲特有三個子女，但沒有任何一人學到巴菲特的投資絕學，在波克夏公司裡，有許多菁英長期跟在巴菲特身邊，可是至今巴菲特仍無法明確地宣布誰是他的接班人。難道在巴菲特的眼中，自己畢生鑽研的投資法則，無法教會任何一個弟子？

　　投資需要具備特定的人格特質，還需要環境配合才能累積經驗。巴菲特 1930 年出生，當他從學校畢業跨入社會時，恰好是二次世界大戰後景氣從谷底向上爬升時期，處處充滿投資機會。如果他早 20 年出生，一畢業就歷經慘烈的景氣大蕭條，或許就會發展出截然不同的投資風格。

　　經驗與人格特質無法透過學習傳承，因此巴菲特無法跟廣大的追隨者說：只要努力認真，就能複製他的成功。

　　投資可能不是想學就學得會，巴菲特推薦投資 ETF，或許他想說的是：如果你沒有辦法像他一樣，投入畢生的時間與精神做主動投資，最好別奢望能賺到驚人的報酬。降低目標與野心，讓自己能賺到與指數相同的獲利，就已經是最好的結局。

1. 投資時間長短，對應的分析技巧完全不同

學會如何判讀新聞與訊息，只是讓自己擁有適應投資世界的武器，想在市場賺到錢，還需要磨練出自己得心應手的招式，不管是短線投資還是長線投資，都有非常成功的贏家存在。不過，每個人適合的投資方法都不相同，首先該評估自己適合的投資週期：

在極短線的世界：下一秒鐘主導行情漲跌的力量毫無章法，有人缺錢想賣，價格就會跌一毛；有人心情好想用市價買進，價格就往上跳，永遠沒有正確方法可以預測下一秒鐘行情的變化。這與物理學裡「布朗運動」描述的現象一致，接近無序波動。若有人每一秒都在買賣，累積的交易成本非常高昂，幾乎不可能有賺錢方法存在。

若把交易時間從 1 秒拉長到 30 秒：統計與技術分析能發現一些「非無序波動」的訊號，有些人能夠從跨市場行情變化裡計算出套利機會，從委託單傳度速度的差異中攔截一點點利潤。這些一般投資人無法察覺，稍縱即逝的獲利機會就成了高頻交

易賺錢的來源。

這個領域交易成本仍是巨大障礙，例如台灣的股票交易制度，以交易金額的 0.3％計算繳納證交稅。至於美國交易所的規定，費用不以金額計算，而是用交易筆數計算，因此若每筆交易金額高（比如說 100 萬美元），那麼交易成本就會是台股交易的千分之一。

「0.3％ VS. 0.0003％」這樣的差異，讓相同技術的高頻交易在台股完全無法存活，而在美股已蓬勃發展到佔總交易量 70％以上。

交易頻率從 30 秒拉長到 30 分鐘：統計與技術分析效果依然強大，而且經驗老到，思考敏銳的投資人已可以用人腦判斷有限的價格與消息變化。但這時市場效率急速攀升，全市場有成千上萬的人在幹相同的勾當，於是，彼此競爭的結果超額利潤空間也迅速降低。

交易頻率從 30 分鐘拉長到 48 小時：這是當日沖銷與隔日沖銷的領域。技術分析看似更簡潔明確，但技術分析看到的多數訊息也已經被市場效率完全淹沒。要在這個時間週期裡爭勝，

與其看技術分析，不如了解技術分析後，揣測輿論與投資人的
情緒變化，或是根據新聞與明天將發生事件的行事曆，預測投
資人想法變化會更有效。「螳螂捕蟬，黃雀在後」，用較複雜
的邏輯推演讓自己化身為黃雀，才能打敗市場效率這個難纏的
對手。

2 天到 1 週的投資週期（短波段交易）裡：交易成本，長線
投資面臨的局勢不確定性造成的障礙，是各種投資週期裡最低
的。很多投資人會誤以為這樣的短波段投資最好賺，實際上完
全相反。「蒐集未來可能發生什麼事」與「評估投資人的情緒」
這些工作的難度，隨時間拉長呈指數型暴增。市場效率依然相
當高，難以討到便宜，只是這些難題對一般投資人而言是隱形
的，而且不易察覺。老練的新聞事件分析功力，能延長分析效
力，讓投資人成為這個領域裡少數的贏家。

1 週到 3 個月（長波段交易）：這已是新聞分析的極限。3
個月後可能發生什麼重要大事，幾乎無法蒐集到堪用的資訊數
量。無法預測的新事件發生頻率上升，這時從總體經濟與財務
分析所得到的訊息效力明顯增加。不過，透過各類分析所得到
的成果依然不易與市場效率抗衡，在這個週期的波段，很難做

到穩定獲利。

3 個月到 1 年的投資週期：財報與總經分析效果卓著，而且投資標的的時間價值（比如說股票配息、外匯存款利差）可望完全抵消交易成本的損失，市場效率也降低。這個領域的霸主就是宏觀投資與對沖基金，藉由深奧的總經邏輯推演，把一般人視為意外的不可預知事件，變成可預期的獲利機會。（經典範例就是索羅斯預期英國央行無法固守英鎊匯率，保爾森預期美國政府將出手拯救大銀行，巴菲特的老師葛拉漢，知名經濟學家凱因斯也是這個投資週期裡的高手。）

1 年至 5 年的長期投資：總經分析仍然有效，但財務分析的效果已經下降。財報不易顯示一家企業 2 年後產品還會不會受到市場青睞，這時股票投資需要加強產業變化的知識。此外，無法預測的金融局勢變化已經成為這領域的最大敵人，唯一的解決之道是投資部位分散，用一籃子投資組合將低變數，突顯時間價值（股息）收益。

5 年以上長期投資：這時連總經分析都沒太大效果。1996年葛林斯班談論非理性繁榮，但沒人可預知結果是 2001 年時以網路泡沫形式告終；2005 年也無法預測 2008 年金融海嘯時慘況，

這時所有的分析效果都很低。唯一的獲利途徑就是想盡辦法保
有時間價值，一籃子股票組合分散風險已不足以應付變化。

做到股債均衡，同時持有兩種價格變化相反的標的才有用。
而股票的分析，放棄產業成長潛力，找一成不變的產業追求穩
定，審慎評估老闆人格特質成了顯學。這些投資策略讓全世界
最偉大的投資人巴菲特獲得耀眼的成就。

圖 4-1-1　不同投資週期的優勢與劣勢

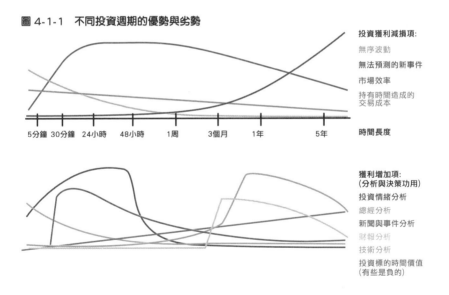

投資獲利減損項：

無序波動

無法預測的新事件

市場效率

持有時間造成的
交易成本

5分鐘　30分鐘　24小時　48小時　1周　3個月　1年　5年　　**時間長度**

獲利增加項：
（分析與決策功用）

投資情緒分析

總經分析

新聞與事件分析

財報分析

技術分析

投資標的時間價值
（有些是負的）

短線交易的最大敵人是「交易成本」，分析的關鍵是訊息取得與處理的速度。

波段交易的最大敵人是「市場效率」，分析的關鍵是訊息取得的廣度與完整性。

長線交易的最大敵人是「不確定性」，分析只能想辦法確保時間帶來的收益。

投資市場不存在「最佳投資策略」，只有「最適合自己的投資方法」。經過一段時間嘗試，找到適合自己的投資週期後，才能明白自己最需要鑽研的分析能力到底是什麼。

2. 投資工具的選擇

　　金融業提供的投資工具百百款，不同投資工具運用的方法也不盡相同，可參考圖 4-2-1。不過這與前一章節所談分析方法的選擇一樣：工具不論怎麼選，規避了某種風險，自然會有新的困擾冒出來。巴菲特的投資名言：「你不知道自己在做什麼，就是風險。」了解自己使用的投資工具特質，是每個投資人必要的基本功課：

圖 4-2-1　投資分析光譜

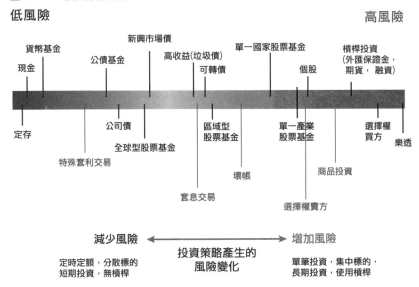

　　1. 股票：個股的資訊繁多龐雜，產業、財務訊息需要一定的專業知識才能了解，但是持有股票無時間成本，還有企業經營的股息收益。公司本身就是一個人才與資產的組合，可能增值，也可能自動修正經營錯誤。波段與長線投資兩相宜。台股因法規關係，在短線投資上交易成本偏高是缺陷。

　　2. 債券：由產品合約保障本金的安全性，並且提供較固定利息收入的金融商品。影響債券價格變動因素同樣相當複雜，而且最低投資金額門檻相當高，因此，一般投資人甚少涉獵，大多由金融機構包裝成基金產品讓投資人選購。

　　3. 基金：基金是解決投資人不易處理複雜資訊與決策的替代方案，代價則是需要支付一定比重的管理費。基金經理人並非人人都是高手，管理費又會大幅減損股票配息與債券利息帶來的收益保障，好基金數量比好股票少是很正常的現象。此外基金有眾多分類，不同的分類基金經理人幫忙處理的資訊數量也不相同，比如說生技基金，經理人會研究公司體質、專利變化、獲利多寡來做選股，但是他不負責判斷生技產業景氣榮枯，與總經大環境的變化，對於波段與短線波動也不做任何判斷。買基金的投資人必須自己決定：該跟著基金共同承擔產業與總經的變化風險？還是自己做額外分析判斷提高勝率。

4.ETF：基金產業經過長期發展後，人們發現基金經理人的專業判斷力糟得令人難以忍受。根據統計，以十年績效做評比，能打敗 SP500 的美國基金經理人只有 20％，這可能還沒包含一堆績效太爛早早被清算掉的基金。

既然基金產業吹噓的專業可信度有限，那乾脆「直接購買指數」，這概念催生了 ETF 的出現。經過 30 年發展，ETF 已經成長為規模最大的股票共同基金，充分突顯出被動投資與低管理費在長期投資上的優勢。

ETF 的成功讓眾多金融業者蜂擁投入發行 ETF 的領域，新品種 ETF 開始逐漸偏離被動投資的原始精神，原本在期貨市場交易的大宗物資也被轉化設計為 ETF（如黃金 ETF：GLD，原油 ETF：USO），非加權原理的 ETF（如生技 ETF：FBT），特殊選股原則（如追蹤大戶持股：GURU）。槓桿型 ETF、反向做空 ETF，甚至以技術分析為基礎的 ETF（Momentum ETF：MTUM）都被開發出來。簡言之，任何一個目前已存在的交易策略都可以被開發成 ETF。這些 ETF 的本質通通是主動投資，與傳統基金唯一的差異只有管理費較低而已。

這類型 ETF 很多時間價值是負數，基金管理人（ETF 經理

人）素質也可能影響追蹤績效。真正的運用方法只能成為中短線操作的方便替代工具，不能長期持有。

5. 定時定額：嚴格來說，定時定額根本不算投資工具，它只是一個機械化分散進場時間的懶人交易策略而已，功用比投資標的的分散效用更低。定時定額跟股票程式交易一樣，效用是大幅降低投資人需要做投資決策的心理壓力，也排除情緒的干擾。事實上，最成功的定時定額就是零存整付的定期存款方案，因為存款的利息收益與本金保障極為穩定。除了極少數真正被動投資的 ETF，與債券投資適合用定時定額策略以外，多數的基金與 ETF 投資使用定時定額是有致命損害的。

定時定額的代價是降低投資決策的靈敏度與正確性。也讓投資人對於虧損與利空感受鈍化。因此當投資人發現定時定額買入的投資標的真的無法賺錢時，大多已虛擲大量寶貴資金與時間。1980 至 2000 年由於股市不斷上漲，因此基金業鼓吹「隨時買、隨便買、不要賣」的概念，相信的投資人在網路泡沫時遭受慘烈的虧損，投資金律變成笑話，之後基金業開始齊聲鼓吹定時定額概念，實際上根本是換湯不換藥的說詞。定時定額對基金業銷售幫助巨大，但對投資人來說，同樣只是朝三暮四、挪移風險的行為而已。

6. 槓桿工具（融資、期貨、保證金交易）：槓桿工具只是把原本的股票指數、債券、原物料商品制定統一個交易合約規格，容許運用借貸，期貨還有制定到期日規定，保證期貨價格與現貨具有一定連動性。其中槓桿的運用對投資策略有巨大的影響。

槓桿同步放大了原始標的的盈虧，當虧損接近本金額度時，投資人就會被強迫平倉出場。因此槓桿使用愈高，對於行情上下震盪的忍受度愈低。

投資人以為自己在做時間週期約一週的短波段交易，但由於強迫平倉（斷頭）機制，激烈行情時投資人實際上被迫做交易週期約一小時的短線決策。原本的交易策略變成完全失效，這就是槓桿交易被視為恐怖虧損兇手的真面目。

實際上，槓桿工具的出現是有好處的。在外匯市場，保證金交易與期貨的交易成本降到剩下外幣定存買賣的 1/100，而債券期貨也大幅降低了債券交易的參與門檻。想要正確使用槓桿工具，就需要深刻體會自己被逼迫做較短線交易這件事，若想拉長交易週期，就必須「降低槓桿」。

不論用槓桿工具做短線還是波段，都需要抗拒槓桿放大獲利帶來的幻覺。因為大幅的獲利不一定來自於自己正確的判斷，更可能只是單純在行情上下震盪中的運氣造成的。使用槓桿工具，必須具有更為理智的心理素質。

7. 非對稱衍生性商品（選擇權）：這種投資工具在行情上漲與下跌時表現不對稱，因此經常被描述成「風險有限，獲利無限」，但實際上獲利與虧損的原始機率也大不相同，不易靠分析徹底扭轉勝率。同時這類型商品具有極高的負時間價值，比如說台指選擇權，每月結算一次，二分之一的合約價值會歸零，一年的時間價值損耗 = -1200％。單純針對期望值計算，假如隨機選擇某個選擇權合約，等於一年可以賠光 6 次，如此高昂的代價換到的是更高的隱含槓桿。此外，選擇權的不對稱設計讓買方犧牲勝率，換取了使用槓桿時不會被改變交易週期，被迫斷頭出場的窘境，在運用上仍有好處。

8. 特殊衍生性商品（違約交換 CDS，波動率指數 VIX）：這些投資工具對應的標的已經不再是傳統的股票、債券等商品，因此價格漲跌的特性完全不同。投資人想使用這些衍生性商品，由於很難在網路上找到相關資訊與分析，因此只能從衍生性商品設計的規定自行推敲。

奇怪新穎的衍生性商品不是怪物，愈早了解的人愈能從中找到賺錢機會。1920 年以前，美國股票市場裡交易的標的超過二分之一是企業債券，100 年前「普通股」曾是新穎的金融商品。而 20 年代，巴菲特導師葛拉漢倡導的財務分析則是當年這個新投資工具最好的評價方式，因此獲得了巨大的成功。1971 年美國交易所 CME 才開始設計外匯期貨，1973 年全球固定匯率瓦解後，外匯期貨出現了蓬勃發展。20 年後索羅斯運用這個工具在英鎊上一戰成名。別人眼中的奇怪金融工具，很可能是讓你找到投資聖杯的絕佳工具。

9. 銀行發行的組合式結構產品（雙元外匯 DCD，連動債）：
金融業除了不斷設計新投資工具以外，也會不斷把舊的工具重新包裝組合，降低投資人厭惡的風險，增加吸引力。銀行透過合約設計，製造出各式各樣結構產品。所有的產品都只是挪移勝率，改變虧損發生的情境，或者犧牲流動變現性；少部分會額外加上銀行的擔保，就變成理專口中的神奇保本產品。

平心而論，設計優良的結構產品比率可能比好基金更多，投資人在選購時，只要認真把合約上密密麻麻的小字讀一遍，就能了解理專口中的利潤與產品優勢，到底是用什麼代價換來的。結構產品並非與銀行的對賭合約，審慎選擇，的確能讓投

資人節省大量花費在投資分析上的精力，同時也賺取合理的報酬。

　　每一種投資工具，沒有好壞的問題，只有會不會用的問題。了解工具的特性，運用得當，工具能配合自己的個性與投資目標，就會是幫助你在投資世界攻城掠地的好幫手。

　　想找到一個成功的投資方法，投資人必須：

1. 了解自己的個性與投資野心。
2. 選擇適合自己的投資節奏週期。
3. 選擇搭配的分析方法。
4. 選擇適合的投資工具。
5. 反覆磨練，提高自己的敏銳度與穩定度。

　　投資無法一步登天，也沒有輕鬆的傻瓜投資術可依循（如果有，基金公司應該倒光了）。這是一個淘汰率極高的領域，立志鑽研投資之道的讀者們務必想清楚。

3. 常見的錯誤投資概念

A. 投資時間週期　B. 分析方法　C. 人格特質　D. 投資工具

　　這四者需要妥善搭配才能找到獲利之道。正確的方法用在錯誤的地方，就衍生出一大堆看起來很有道理，實際上卻容易讓人賠錢的投資策略。以下列舉幾項典型案例：

1. 基本分析＋長期投資＝獲利方程式

　　不見得！很多人狹隘的以為財務分析等於基本分析的全部內容，事實上財務分析功用有兩個，一個是辨認持有股票的時間價值，另一個是找尋股票會被市場關注的題材。

　　前者的時效遠比投資人認知的短，從財報可以得知中華電信擁有穩定傲人的獲利，但真正造成獲利穩定的原因，是電信業行業特性與企業寡占的結果。在美國，電信公司根本不是定存股，水電瓦斯等公用事業才是定存股；但在台灣，瓦斯與電力企業因為法規變革與社會責任問題，反而長期獲利不夠穩定。

　　真正有效的長期投資分析是產業分析與企業經營研究，財

務分析只是一小部分輔助工具罷了,只是財務分析較容易轉化為固定的數據計算,因此較易學習。當年葛拉漢使用財務分析研究股票,根本不是拿來做長期投資。他賺的是價格從低估回歸合理的波段差價,如果價格一直沒回歸合理價,葛拉漢甚至會介入經營,解散公司,透過拍賣資產,強迫配息回收利益。

以為透過財務數據分析可以輕易找到可長期持有的好股票,是投資人常見的錯誤,花費更多時間研究產業與總體經濟,才能找到真正的獲利方程式。

2. 技術分析順勢操作是賺錢的不二法門

技術分析是將已成交的價格、成交量等數據,根據各類運算轉化為投資線索。人們對於股票、債券的合理價格認知,的確有一些慣性,但是只要有新的事件發生,慣性就會改變。每一檔股票、外匯與各式各樣的投資工具,連續上漲或是連續下跌的時間都不長,最常見的是在橫向盤整,根本沒趨勢。把價格的變化認定為趨勢,再假設明天的趨勢不會改變,根本是盲人摸象的行為,缺乏立論基礎,也禁不起實務與統計的檢驗。

由於「順勢操作是賺錢王道」符合人們的從眾心理,容易被認同,順勢正確賺錢時,輿論會大量歌頌,讓人印象深刻。

順勢錯誤造成虧損時，不是鮮少被報導，就是媒體將虧損怪罪到散戶的恐慌與盲目上。「上漲時順勢買進，下跌時法人冷靜地遵守紀律停損賣出，散戶恐慌的盲目殺出」，這種財經報導很常見吧？但法人與散戶的行為真的有不同嗎？由於長期的錯覺，讓人們遠遠高估的順勢的效果。實際上，多數技術分析原則與順勢，是勝率接近 50％ 的分析方法！

與基本分析的錯誤核心原理是一樣的，愈是能輕易取得的資訊、愈容易量化且被投資人了解的方法，就愈可能早已成為市場效率的一部分。

80 年前的財務分析很有效，30 年前的技術分析也是優勢巨大的分析工具。記不記得 30 年前沒有網路的年代，想看台股技術分析，必須買一份價格 40 元的《財訊日報》才看得到？當年懂技術分析的就是稀有專家，現在這些資訊已經是取得成本 0 元的普通知識。

用財務分析與技術分析所得到的結論，大多已反應在價格裡，想從這些訊息裡贏過其他 50％ 投資人，當然有困難。技術分析與財務分析都很容易讓投資人過度輕視市場效率的威力，並且高估了自己的預測未來能力。

3. 不要有情緒與主觀，投資才能獲勝

別自欺欺人！只要你做交易決策、進場投資，你的部位就是你的主觀。買進一張台積電，不論先前用什麼理由作分析，都等於預測台積電未來價格會上漲，或是會配發讓人滿意的股息。但未來會不會實現都是機率問題，不是必然會發生的結果，只有不交易的人，才能真正做到沒有看法與完全客觀。

投資人的主觀想法與預測，本來就是投資賺取超額利潤的最根本原因。因為主觀與大多數人的想法不一樣，你才能買到偏低的價格，或享受其他投資人想法改變時伴隨的價格上漲。

投資時要沒有情緒也是鬼扯淡。科學家已經證實，人們對投資報酬的腦中神經反應，跟老鼠對找到食物的反應一模一樣。腦神經與內分泌一定會提高興奮的感覺，促使老鼠追求食物，也促使人們追求投資報酬。缺乏這樣生理反應的生物會餓死，自然滅亡。

人類怎麼可能完全摒除已存在數千萬年的生物機制？有盈虧就一定有伴隨的情緒。投資人該做的不是消滅情緒，而是更徹底了解自己在盈虧時會發生的情緒變化，並且避免讓情緒主導，做出錯誤的交易決策。沒有任何一種分析方法能解決情緒

的問題，設定嚴格的投資紀律也不見得有效。

投資紀律若過度違背人性，那麼在真正關鍵時刻，你會想，既然原本自己以為能帶來獲利的投資法則造成巨大虧損，那麼要如何說服自己，另一套更少被用到的交易決策規則（就是停損投資紀律）會是可信任的？此時你會質疑自己的所有投資原則，最後決定摒棄投資紀律，是很常見的行為。反覆累積實戰經驗，才是了解自己情緒反應，並找出與情緒共存之道的唯一途徑。

4. 價值投資就是人棄我取，危機入市

巴菲特是人們最推崇的價值投資者，但巴菲特執行的價值投資，大多並非危機入市。2008 年巴菲特購買高盛、2011 年買美國銀行，實際上買的都是保證高配息的優先股。巴菲特真正看好的企業，如聖伯菲鐵路公司、IBM，買進時都是在接近當時歷史新高的價格。

價格不等於價值，是價值投資的最高指導原則之一。過度執著於價格變化，最容易造成誤判。順勢追高勝率接近 50％，逆勢承接（人棄我取，危機入市）的勝率也差不多，依然是50％。想要知道企業與所有投資標的的「價值」，最好從與價格無關的資訊著手研究起。

　　不過真正的危機入市的好買點，輿論與多數分析方法都無法給出正確答案。2008 年台積電跌到 40 元時，所有經濟學家都警告景氣還會更壞，台積電的經營也罕見地出現多年來的虧損，媒體評論告訴你當外資提款撤退時，台積電必然首當其衝。你真的能在當時正確判斷「喔……該危機入市」嗎？而且要危機入市，還必須在行情未下跌，行情還沒跌到危機夠大時，讓自己保留足夠的現金才辦得到。這又是多數分析師直接跳過不提的環節。與其在意如何危機入市，倒不如好好設計在正常行情節奏下，如何投資與做好資產配置吧！

5. 只要分散投資風險就會大減，不易慘賠

　　1952 年諾貝爾經濟學獎得主馬可維茲（Harry Markowitz）所提出的投資組合理論，是分散投資的核心原理，不過很多投資人在實際執行時，卻無法做到真正的「夠分散」。單買一檔台股的風險頗高，把台股一千多檔股票通通買下來，風險的確會降低，但這作法只等同買入指數，當台灣總體經濟惡化，發生政治風險時，還是會大跌慘賠。

　　真正分散風險的極致，是買入所有「全世界股票＋全世界債券」（目前 ETF 的發展已讓這作法成為真正可行的投資行為），一般投資人所執行的分散投資，都只是降低了一小部分

的風險。巴菲特根本不贊成大幅分散風險的說法，他認為：「雞蛋不要放在同一個籃子裡」是謬論，「雞蛋應該放在同一個籃子裡，然後看好它」才是對的，但這並不是說馬可維茲錯了。

巴菲特說的正是分散投資規避風險所需要付出的代價：投資人需要付出更多的精力做研究分析，才能辨認為了分散多買的標的到底好不好。分散投資造成投資績效降低也是必然的，因為市場上根本不存在數量龐大的優質股票與投資標的。

只要在做主動投資，追求超額報酬的投資人，永遠只能做到有限的分散風險，畢竟超額報酬本來就是根據自己的研究分析，決定承擔某些風險換來的。適度的集中投資，很多時候都是好事。

6.「頻繁交易」是散戶最大的弊病，減少交易頻率好處多

有許多的文獻與研究報告指出，散戶主要的虧損來源，並不是行情看錯或者不停損，主要來自過度交易的成本支出與過度持倉。不過前面章節已提過，操作週期30秒～48小時這領域，有許多傑出的成功策略。短線的領域交易成本是最大的敵人，但波段交易的敵手（市場效率）、長期投資的障礙（無法預測的新事件）更難纏，透過妥善設計，找出獲利超越交易成本的

投資方法，仍然是可行的。

　　頻繁交易並非一無是處，但對資金有限的散戶，要做到有效的分散確實有相當難度。一筆資金分成 5 等分作投資，持有一年，2 筆虧損，勝率就只有 60％。若一筆資金分成 2 等分，但每筆投資時間只有一週，60％勝率，就容許發生 40 次虧損。

　　頻繁交易有分散投資的實質效果，而且能夠快速累積投資經驗。希望獲得頻繁交易好處的投資人請別忘了：付出更多的分析時間與專注力是必然的代價，而且並非所有人的個性都適合，請自己衡量利弊得失。

7. 千萬不要使用期貨、融資或借錢投資

　　前章已提到，槓桿工具最大的好處是降低交易成本與參與門檻，使用槓桿與融資，因投資工具不同，有時能大幅減少頻繁交易造成的成本損耗，資金有限的投資人還可以做到更分散的投資。而代價是交易週期被壓縮，被迫做更短線的投資。

　　刀劍能用來殺人越貨，也能用來保家衛國，工具沒有好壞，只有會不會用的問題。只要善用自己交換到的優勢，審慎應付自己付出的代價，期貨與融資這些槓桿工具，也會成為讓你找

到投資方法的利器。

8. 投資發生虧損就該檢討學習，以後就不會犯錯

　　如果要找一條「錯最大」，把投資人害得最慘的錯誤投資概念，就是這條了。

　　金融市場不存在勝率 100％的投資聖杯，每一種投資方法都有合理的勝率，而非必勝。多數投資人都認同上述概念，既然無法達到必勝，那就表示一定有一部分的虧損發生時是合理現象，不需檢討。

　　全壘打王王貞治生涯打出 868 支全壘打，但也吃下了 1319 次三振。除了前五年被三振偏高，其他時期數據相當穩定。如果王貞治每被三振一次，就檢討自己該不該更換打擊姿勢，那恐怕就不會有這位全壘打王的出現了。投資也一樣，「合理、不需檢討、不需修改原本分析決策原則的虧損」一定存在，如果不把這種虧損定義出來，想讓自己的投資有所進步，很容易陷入父子騎驢的窘境，在一堆似是而非的投資教學中，變得更糟且更混亂。

　　市面上有琳瑯滿目的投資書籍與課程教投資人如何獲利，

但如何應付虧損，經常只用一句「嚴守紀律、嚴守停損」簡單帶過。投資進場與出場的原則的確不大相同，但這兩個決策都需要複雜的分析與評估。虧損時出場的原則與進場的原則一樣需要嚴謹設計，而且與自己的盈虧、價位的變化不一定有關。非技術分析法則的投資人根本無須在意技術分析所設計的價格停損機制。

巴菲特在 2008 年時也曾經在低點賣出嬌生（JNJ），但持有富國銀行反而做加碼。索羅斯在 2008 年不但持有雷曼的股票至歸零下市，還持有巴西石油（PBR）至股價腰斬時大量攤平。這些投資大師在關鍵時刻，都不拘泥「嚴守停損」這個看似合理，實際上重要性沒那麼高的法則。

虧損時要不要平倉出場？這涉及到一開始投資布局時的理由、配置與分散策略，是否該用避險替代平倉，但這也與資金的充裕度，以及每個人的風險承受度有關。如果資產能承擔的虧損幅度是 10％，那資金分散成 10 等分時，單一投資標的的虧損忍受度可以高達 100％，索羅斯不在意手中的雷曼股票變成壁紙的奧祕就在此。

只要分散與槓桿設計得當，理想的投資策略應該可以承擔

每一檔單一投資標的，從看好變成看壞所產生的虧損幅度，這
應該就是「合理的虧損」。若這虧損難以忍受，最可能有錯的
是分散配置策略，其次是投資週期不當，前兩者都沒問題時，
再檢討分析決策原則。

分析師與金融專家大多不願多談自己的虧損經驗，畢竟這
看起來有損自己的威名。觀察一個分析師在虧損發生時（事後
說詞沒用，這裡指的是正在持有虧損部位時）的說詞與應對之
道，是檢驗一位分析師功力真偽的最重要判斷時機。由於處理
虧損的相關投資教學相當缺乏，投資人只能自己努力，想辦法
找出適合自己的答案。

4. 投資需要的人格特質

前面章節裡一再提到，投資方法需要配合個性，畢竟有些人格特質會讓學習投資事倍功半。

1. 投資需要樂於冒險：

投資不只需要勇於冒險，還需要樂於冒險，就像玩滑板極限運動一樣。練習滑板一定會摔跤，摔兩三次爬起來繼續練習，叫做勇敢不怕痛，摔了一千次完全不在意，依然熱衷創造更高難度動作，才會變成行家。投資的分析決策只要執行的次數夠多，一定會遇到虧損，虧損的真正原因是運氣，永遠無法排除。把找尋投資機會視為一次又一次的偵探解謎遊戲，享受過程，完全接受失敗的可能性，才能真正適應詭譎多變的金融行情。只有這種冒險家才能成為中短線操作的贏家，賺取極高的超額報酬。

2. 投資需要擇善固執：

半導體巨人，Intel 創辦人葛洛夫（Andrew S.Grove）篤信一句格言：「只有偏執狂才能生存。」

　　的確，許多成功的創業家都有偏執狂性格，當遭遇質疑、局勢巨變時，仍舊堅信自己是對的，堅信自己創造的法則將被全世界追隨，而非自己該迎合當下普遍的認知。創業家與眾不同的堅持，是企業能不斷超越顛峰的原動力。

　　在投資的世界裡最有價值的投資訊息，就是那些其他投資人尚未知悉了解的資訊。這些訊息可能是片段零碎的消息，也可能是艱深難懂的知識。當你看到這項消息的當下，多數媒體上的評論、與當時的行情走勢，都會讓你懷疑自己是否正在犯錯。在這種的情境下，能擇善固執，敢與全世界做對的投資人，才有資格享有鉅額報酬。1992 年索羅斯狙擊英鎊、2008 年鮑爾森賭花旗美銀不會倒，都是一戰成名的經典案例。

　　擇善固執失敗的案例，可能比成功的案例多出十倍甚至百倍，每個人都可自由選擇想走的道路。但想安穩生活，就該選擇當個領薪水的上班族，想賺到別人不敢想像的財富，就該擔負低於 10％ 的勝率創業當老闆。投資也是一樣，不敢擇善固執，就不該奢望自己有倍數獲利的機會。

3. 投資需要習慣不合群：

　　在網路上樂於分享自己持有投資部位的網友非常少，因為

多數人難以忍受其他人說三道四。人類是群居的動物,多數人都非常在意別人對自己的評價,但是要當一個擇善固執,敢做出與眾不同決策的投資人,就必須不去在意旁人的說詞,對不合群習以為常,才能在關鍵時刻不從眾,而做出好的決策。

4. 投資需要隨緣不強求:

雖然投資需要有點固執,但也需要不強求的性格。不論再怎麼努力,運氣依然是影響盈虧的重要原因,很多時候,根本無從判斷價格會跌到什麼價位。2015 年 1 月瑞士放棄匯率盯住歐元政策,引發瑞郎飆漲,這時期貨報價的最高點與各外匯交易商的報價完全不同,同一時刻報價差異高達近 600 點。這時根本沒有合理價,也沒有合理支撐壓力,猜錯行情的人到底是賠 2,200 點還是 2,800 點,完全無法控制。(備註:2015 年 1 月 15 日瑞郎事件發生時,期貨發生快市,外匯交易商暫停報價超過 10 分鐘,所有預設的停損委託全部無效,無法成交。外匯交易商 FXCM 因無法執行停損單,被迫吞下 2.25 億美元虧損,再慢慢與客戶協商求償。)

掌控欲過強的人做投資時,因為無法徹底認同機率決定部分結果這事實,做決策時經常過於猶豫,又過度浪費心神在無意義的懊悔上,以致投資的成效往往比其他人更糟。

我認為邏輯與分析能力可以訓練，但人格特質是天生的。

本書附有一份簡單卻關鍵的投資問卷，目的就是測驗讀者的性格屬性。分數愈高的人，愈適合做積極的主動投資；分數較低的投資人，屬於保守穩健的性格。若對於投資績效的野心過大，卻期望自己能成為市場上 1% 的頂尖贏家，恐怕你會很容易在激烈的行情變化中受創。

問卷解答與分析（以下選項得 1 分，否則 0 分）

1：b	2：c（選 b 扣 1 分）	3：a（選 b 扣 1 分）
4：b	5：b	6：a
7：a	8：b	9：b
10：a	11：none（無關分數）	

總分 6 分以上屬於冒險性格的投資人，較有機會在投資領域大顯身手。

總分 4～5 分者若選擇花較少的時間精力鑽研投資知識，並以中長期投資為目標．有機會達到投資與事業雙贏的成果

總分 3 分以下屬於保守性格。學習投資事倍功半，選擇被動投資，認真工作累積財富勝率較佳。

5. 無法成為 5%投資贏家，放棄不是壞主意

別羨慕投資贏家們的成功與高額利潤。投資是一將功成萬骨枯的殘酷世界，贏家永遠是少數，而且贏家的成就是用大量的時間、資訊蒐集、專注力與艱苦的盈虧磨練心志換來的。沒有任何一個金融業的投資大師，是一邊遊山玩水環遊世界，一邊創造驚人的投資績效。每個大師都忙著工作，戰戰兢兢的在自己的崗位上認真戰鬥。這充分證明了「輕鬆賺大錢」這個一般投資人最期待的投資方式，大多都是一場騙局。

並非每個人都適合走主動投資這條路。

每個人有不同的人生目標與才能，陪伴家人、愜意享受人生，是多數人認為更重要的生活模式；在職場上發揮自己長才，也是多數人賺錢更有效率的方法。把時間花在家庭與工作上，表示你無法將更多時間精神花費在投資分析。業餘玩家被全神貫注、賭上畢生心血的專家們打敗是常態，非常合理，只有極少數天才能扭轉這樣的結果。

　　交易週期愈短，潛在的獲利機會愈大，但需要耗費的時間與精神也愈多。拉長投資週期至超過一年，並且降低對投資報酬率的期望值，的確能讓時間不夠多的業餘投資人，提高存活的機率，但這不表示你可以當個投資懶人，輕鬆獲利。

　　較長週期的投資只是需要蒐集與判斷的資訊不同，承擔的風險不會立刻轉化為虧損罷了。而且當長期投資的輸家發現自己虧損失敗時，大多已無力在儲蓄另一筆資金，謀求反敗為勝，因此長期投資的輸家大多直接遠離投資，更為沉默，也不會留下隻字片語。要找到長期投資慘賠的詳細過程記錄極為困難，「存活者偏差」（survivorship bias）效應讓人們難以從別人的錯誤中學習寶貴經驗，多數人都高估了長期投資的勝率。

　　你可以嘗試各種分析方法或者改變投資週期，試著找出適合自己的投資之道。不過請牢記：連股神巴菲特都教不出自己滿意的徒弟，只能從外部遴選接班人，巴菲特的子女也無法成為投資界的下一代贏家，顯然投資領域並非願意努力、肯學習就能成為投資贏家。

　　找到累積財富方法的機率其實不高，許多人真的永遠學不會。如果你花了 5 年、10 年依然找不到方法，或許該非常認真

地考慮「完全放棄自己做主動投資」，把時間花在其他更有意義的地方吧！

不過，完全放棄不等於財產都該乖乖放定存收取微薄利息。其實，你還有三條替代方案可行：

1. 選擇被動投資。

2. 放棄思考，完全聽明牌跟單。

3. 將資金委託給專家操作。

6. 用 ETF 賺取平庸收益

ETF 即指數股票型基金（Exchange Traded Funds, 簡稱 ETF），它買入與指數組成相同的一籃子股票，因此持有 ETF 的投資人就能賺到與指數績效完全相同的報酬。1993 年標普推出追蹤 SP500 指數的 ETF：SPY，指數型投資開始緩慢茁壯。

1999 年底時美國共有 32 檔 ETF，資產總額約 350 億美元。這項新的金融工具在 2000 年之後，股市走空，才真正進入飛躍成長期。至 2013 年全由已經有超過 4,000 檔 ETF，資產規模超過 2 兆美元。

「根據統計，能夠連續 5 年打敗大盤指數的基金經理人數量不到五分之一，為什麼要支付他們這麼多的管理費？」ETF 蓬勃發展，正是主動投資失敗的證據！

由於 ETF 的出現，徹底放棄自己投資分析，已經成為極少數真正有效的懶人投資法。與傳統基金相比，ETF 排除了經理人對行情多空的主觀判斷，不會因行情看錯慘賠，也不需要保留現金應付投資人贖回，降低投資比重。此外大幅降低投資組

合變動時損耗的買賣交易成本，讓 ETF 享有絕對的優勢。

ETF 長期投資上也具有顯著利基：因為多數國家長期的經濟都是持續成長而通膨上升，因此企業的資產與獲利會不斷上揚。經營愈是成功的企業，市值愈高，因此投資人持有 ETF，將會自動持有高比重的成功企業，在競爭中被淘汰的企業因市值縮水，ETF 持股所佔的比例將逐漸變得微不足道。這種自動選股的機制，讓 ETF 投資人不用擔心選股錯誤，讓投資變壁紙。

但 ETF 並不是萬靈丹，無法產生「必賺」的效果，甚至連控制虧損幅度也辦不到。台股加權指數在 2008 年金融海嘯時從 9,000 點一路重挫跌破 4,000 點，台股 50ETF 價格也慘遭腰斬！

美國從 1975 至 2014 年，指數年化報酬率大約是 10％，與目前的存款利率相比當然算高。但如果把時間拉長，扣除稅負，1870 至 2000 年的年化報酬低於 7％，其中 1966 至 1981 的 15 年間，因通膨與利率上升，年化報酬率竟然是－ 0.4％。

想像一下，若你遭遇 15 年虧損或是一無所獲，你還會認為投資 ETF 是好主意嗎？ ETF 能賺到的收益大約就是平均一年增值 5 至 10％，更高的報酬來自於運氣，若想以長期持有 ETF 當

作主要投資手段，請務必了解，風險依然存在。

ETF 的報酬率可能追不上通膨，追不上房價與未來醫療費用上漲，當自己需要用錢時，若恰好遭遇經濟低潮，股市走空，再怎麼有紀律的投資都會以失敗收場。千萬別以為 ETF 是穩健，易漲難跌的保守投資標的。根本沒有任何一個股價指數具有易漲難跌的特質！也別認為 ETF 能讓你賺到大錢，它只能讓你賺到平庸的收益，運氣差，照樣會賠錢。

由於金融機構爭相發行 ETF，因此出現做空型、槓桿型、單一產業型、商品型 ETF，甚至連以技術分析作為交易模型的 ETF（Momentum ETF）都被開發出來，但這些 ETF 根本不具長期持有的優勢！真正具有 ETF 原始設計精神，長期持有能賺取高於定存報酬的只有國家型與區域型股票指數 ETF 才可行，其他多種類型 ETF，是短期主動投資的工具，投資人該謹慎辨別。

結論：

放棄主動投資，改使用 ETF 當作自己最主要的投資工具是極佳的選擇，但別奢望這項投資能帶給你富足人生，它能提供的報酬十分平庸。使用 ETF 最主要的目的是省下大量時間，讓你在事業與人生上追求更大或更多元的成就。

7. ETF 長期投資的迷思

　　每個波段行情的末端轉折，都伴隨機烈波動。「如果能抓到轉折正確的價位與時機」，少賠＋低買可多賺的幅度，一週績效差異就等於長期投資 3 年的平均報酬總合很常見。（幻想一下：2014 年底在 2,000 點以上賣出，接近 1,800 買進，一來一回就多出近 20％報酬率！）

圖 4-7-1　2012～2015 年 SP500 週線圖

　　到底該不該想辦法讓自己有能力判斷高低點？

對被動投資的愛好者來說，「No」是理想答案。這不是對錯的問題，而是為何要作此選擇的問題。想多賺 20％可能需要比持有 ETF 花數十倍的心思才辦得到，但若承認自己沒能力，或者不想花這麼多精力成為最大贏家，也不是壞事。這時投資人該追求的不是賺最多，而是在最少的時間與精神投入下，依然能獲得足夠的投資收益。在投資市場冒險不見得符合所有人的人生目標，回答 No 的人要永遠牢記自己選擇的原因是什麼！

只要行情出現多年的連續上漲，ETF 長期投資很容易被誤以為是安全、低風險的投資模式，這是完全錯誤的想法！

1980 ～ 2000 年的長期大多頭，讓眾多投資人誤以為「隨時買、隨便買、不要賣」，就是最佳投資金律。2009 至 2015 年連續走多，也逐漸讓「定時定額買入 ETF」成為顯學。持有台股50ETF 或是持有美股 SP500ETF，雖然已做到一定程度的分散，但以「長期」的角度來看，根本稱不上安全。

很少人提及長期投資的根本致命性問題：定時定額買單一檔 ETF，等同 20 年至 30 年內只作了一次交易決策：「這檔ETF 在未來 30 年將持續上漲」。這個交易決策的勝率必須是100％，才會有美好的結果。萬一錯了，你的人生應該沒有下一

個 30 年作下一筆嘗試。

1969 至 1981 年及 2001 至 2008 年長期投資的輸家，都已被歷史洪流淹沒，沒有機會告誡世人投資錯誤的下場有多淒涼。短期投資的優點在於，雖然高低點不好抓，但是 30 年內可能有 100 次機會可嘗試，即便其中 40 次猜錯，下場也不會太慘。

投資決策的次數與投資標的的數量，都具有分散風險效果。但前者卻經常被忽略！為了解決這個致命問題，投資標的應該作到更徹底的分散。

目前 Vanguard 發行的 ETF 已有全球股市 ETF（VT）與全球債市 ETF（BND），若兩檔平均持有，2009 至 2014 年平均報酬率會降到大約 5％左右。考慮到當前全球利率在空前低檔，股市卻在歷史新高這種極怪異現象，股債均衡配置還不算是終極分散策略。只要未來 20 年內出現停滯性通膨，這樣的投資組合還是可能出現痛不欲生的虧損。

再更廣泛的配置應該還要納入 REITs（不動產）、貴金屬，或是經濟更落後的國家的貨幣存款，這時投資組合的最終報酬率會降到 4％以下，與全球經濟成長率均值相當。「平均年報酬

率 3％至 4％」才是無任何看法、徹底分散、終極懶人投資法的
真面目。

　　沒做到徹底完全分散的投資人，其實都是根據自己一小部
份的主觀，承擔了一些風險，這些風險是眼前看起來能賺得超
額報酬的根源！長期投資並持有台股 50ETF 的投資人，實際上
作了以下的主觀判斷：台灣在未來 30 年內不會滅國，科技產業
也不會遭受致命打擊。

　　每一個運用 ETF 的投資人，都該認知到自己正在作有限度
的主觀投資，ETF 只是讓自己大幅縮減需要閱讀資訊的範圍，
而非完全的被動投資。上述的主觀判斷是否會惡夢成真？我們
不知道，但是每季或是每半年，花一點點時間蒐集資訊作研判，
就能有答案。

　　股神巴菲特的投資名言：「最大的風險是我們不知道自己
在做什麼。」ETF 長期投資策略，的確可以好幾年都不作新的
交易決策，但不等於投資人可以懶到完全不關心局勢變化，即
使 30 年不作任何投資研判，投資人依然必須具備一定程度的財
經知識。

8. 聽明牌跟單

多數人認為，聽明牌買賣股票是散戶最常見的弊病，也是投資人輸錢的核心原因，這其實沒那麼糟，「跟單」這個投資策略，是非常正統而且常見的投資分析手段，可以節省大量自己分析與找資訊的時間。只要聰明運用，就是一個讓自己找到賺錢方法的捷徑。

想靠聽明牌跟單做投資，請謹記以下三個重點：

1.審慎辨別「名師」與「冥師」，只有真正的投資人才值得追蹤：
金融市場上有太多裝模作樣的「冥師」，期待從你的口袋中賺到錢，而不是從交易裡獲利，但是要分辨這些無良分析師一點也不難。

請再回想一下本書第一篇與第二篇所描述的分析話術。善意的無效分析，目的只是吸引讀者眼光；惡意的分析則是想盡辦法煽動讀者的情緒，用各式各樣情緒釣魚的手段讓你誤以為他賺了很多錢，他比你厲害。

　　但這些分析師會刻意避談對未來的看法，避免被看破手腳。辨認哪一個是名師，並不是看他準不準，而是看他到底用什麼態度面對未來。浪費愈多篇幅在談論過去，尤其是談論過去績效的傢伙，愈不可信。

　　市場上早已有足夠的名師供投資人追隨。巴菲特、索羅斯的持股部位，每 3 個月公布一次；美國還有網站（http：//www.gurufocus.com）專門追蹤所有知名投資人的部位，並且統計眾多大師們看好的股票，並將這樣的投資組合設計成一檔 ETF：GURU。財經網站 market watch 可以隨時看到這檔的前十大持股，非常便於使用。

　　台灣近 200 檔股票基金的持股，也能在投信投顧公會的網站查到所有明細，每天交易所都會公布三大法人買賣變化，這些資料都是絕佳的跟單素材。我的上一本著作《從法人手中賺到錢》，就是告訴讀者如何看法人交易做跟單的投資技巧，畢竟從這些公開資訊裡找尋跟單線索，遇到騙子的機率最低。

2. 給自己設定投資時限：

　　圖 4-8-1 的這家公司，股價在 7 年內跌跌不休，直至腰斬。這是沒希望的爛企業嗎？ No ！這是巴菲特持有的可口可樂！

圖 4-8-1　某家公司 1998～2005 年股價走勢

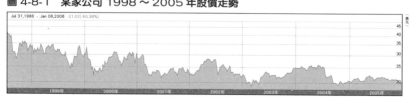

　　若真的不幸在高點跟到這檔股票，能承擔股價這種走法，心中仍無怨念的投資人必定很少。每個人資產狀況及盈虧的承受度，都有極大的差異，要完全複製別人的投資部位幾乎不可能。有資金持有二、三十年，而且每年都會多出新的資金作加碼的投資人畢竟是極少數，跟單的投資人一開始就該想清楚，要不要添加屬於自己的進出場規則？比如說，跟單巴菲特的部位如果在 2 年內表現不如預期，就平倉賣出。

　　以價位（比如說虧損超過 20％就平倉），或是更深奧的分析理由（比如說本益比超過 30），都是可行的出場規則。但既然選擇了「跟單」這個策略，就代表你不大信任自己的分析技巧，在關鍵時刻要判定原本信服的投資大師看錯了，改相信自己才是對的。這在邏輯上有巨大矛盾，實際需要執行時必定會引發猶豫心態，因此自己出場的理由，應該設得更簡潔一些，比如：

行情下跌時逆勢承接的標的，可給予略長的持有觀察期，1 至 2 年的時限。行情上漲時順勢追價的標的，應該包含更精確的時機判斷，時限為 3 至 6 個月。

時限內，如果跟單的標的表現不佳（不佳的定義可以是不賺錢，也可以是虧損超過 10％，請自行設計），那就撤出，將資金拿來做下一筆嘗試；如果標的表現績效令人滿意，那就跟到底，持有至跟單的名師出場為止。只要跟單的對象是真正能在市場行情裡賺錢的贏家，多次操作後，勝率必能轉化為帳戶裡的投資績效。

3. 既然自己在行情研判尚不夠專業，那就該做到比別人更分散的配置：

巴菲特曾說過一句名言：「只有不知道自己在做什麼的人，才需要分散投資。」完全正確！巴菲特擁有超凡入聖的專業分析能力，因此持有部位非常集中，選擇跟單的投資人，就是認定自己專業不足，那當然需要反其道而行，做到更徹底的分散。分散部位，會大幅降低投資績效，但這是合理的抉擇。

可口可樂 7 年內跌了 50％，如果這部位只佔資產 10％，那麼股價即使腰斬，對總資產的殺傷力仍舊只有 5％，幾乎每個人

都承受得起；做到分散的投資人，更可能持有可口可樂至 2012 年股價再創新高。

「放棄更高超額報酬的可能，換取降低慘賠發生機率」是風控的奧義，想賺取超額報酬，請花更多時間研究主動投資。選擇聽明牌跟單，節省花費在投資分析上的時間，就不該奢望成為市場頂尖的 5% 贏家。

聽明牌跟單，不但是實務上可行的投資方法，也是絕佳的學習途徑。不用腦袋跟單，天天只在意手中部位盈虧的結果是：「好的老師帶你上天堂，不好的老師帶你住套房」。而如果用腦袋思考，細心檢討，能得到的效果將會是：「見賢思齊，見不賢而內自省」。

對一個初學者來說，面對超過 1,500 檔股票，超過 3,000 檔基金，要找出 5 至 10 檔投資標的，的確像大海撈針一樣困難，看市場的老手們如何選標的？如何選時機？再從行情的變化中體會每個不同分析方法的效力，不但可以從賺錢的經驗裡，快速建立自己的分析決策模式，也能從賠錢的經驗中大幅減少摸索，降低學習耗費的成本。聰明運用聽明牌跟單，比花大錢上投資課程、聽一堆泛泛原則，更能讓自己早日找到投資方法！

9. 用本書的知識篩選專家與贏家

交給專家？的確，這也是方法之一，不論是購買基金，還是把錢交給專家做代客操作，都是目前常見的作法，也是金融業賴以為生的正當工作，但別忘了，金融業有一堆良莠不齊的傢伙，正等著你這隻肥羊自動上門！

其中有少部分的確是具有惡意，例如馬多夫這類型的騙子，不過投資人遇到機率最高的並不是想坑你錢的騙子，而是善意的投資庸才，至少超過一半的基金經理人與銀行理專屬於這類。而不受金融法規管理的素人或投資大師，真正有實力的比例恐怕更低，如果某天遇到看似大師的人物，請務必審慎評估。

前一章已提到如何分辨「冥師」，要排除嘴巴很厲害、裝模作樣的分析師不難。分析師到底關心下一筆投資的挑戰？還是關心自己過去的形象準不準？聽一小段時間的說詞就能辨別。但是要篩除常見的投資庸才，就比較困難了，基金經理人與投資專家的績效，無法當作辨別投資能力的參考，畢竟這其中包含太多的運氣成分。

　　大多頭時期績效最好的操盤手，可能是用賭一把的心態孤注一擲，相同的手段遭遇行情轉折時，就會變成全市場最慘的苦主。「敢賭」不等於是投資能力高超，基金與代操，賭的都是客戶的錢，賭對名利雙收，賭錯不過是拍拍屁股走人，自己損失有限。只要投資人腦中有績效掛帥的想法，金融業這種賭一把的心態就永遠不會消失。

　　那麼，真正的市場贏家的模樣，到底是什麼？

　　看看這些著名現役贏家的身影吧：每一個市場的贏家都一定有虧損的紀錄，巴菲特 2005 年看多歐元虧損出場、2008 年金融海嘯時忍痛停損 JNJ；索羅斯 1998 年做空香港慘賠、2000 年看多 Nasdaq 再賠一筆；2013 至 2014 年債券天王葛洛斯績效落後 96％債券基金，敬陪末座。

　　完全沒有虧損與判斷錯誤紀錄的專家，不是太菜沒經歷過大行情，就是刻意隱藏，誠信有問題。對投資贏家來說，虧損是投資歷程的正常現象，根本不用隱瞞，也不用大驚小怪。因此在虧損的過程中，投資贏家也不會改變自己的投資原則，突然變出先前沒看過的投資手段，神奇地轉虧為盈。投資的理念與方法是否穩定夠完善，沒有自相矛盾的邏輯，是辨別投資專

家是否有真材實料的重要依據。

投資市場的贏家，不會擔心呈現自己的虧損，更不會因為自己的觀點與眾不同而出現猶豫。贏家會獨立思考，並相信自己就是市場最頂尖的 5％那一群人，更不可能一天到晚找尋市場的反指標作為操作依據。這本書所提到的每一項細節，都可以拿來做為分辨真正贏家的依據，學會獨立思考，是學會篩選投資贏家的不二法門。

此外，多數的贏家都相當低調，也不會有興趣吸引小資金做代操。上述三位贏家，巴菲特跟索羅斯都是拿自己的資產做投資，葛洛斯操作的雖然是大眾的資金，但他收取的年薪高達 2 億美元，如果你的資金不足，怎可能請得動真正的贏家代為操作？想想看，如果你拿 100 萬給投資大師代操，大師能得到什麼？ 100 萬年報酬率 50％，就已經超越索羅斯的平均績效了，從獲利抽佣 30％，這樣算一算，一年大師也只會多賺 15 萬元，卻需要花精神幫你做決策，虧損發生時還要承受額外壓力，耗費唇舌做一堆解釋，試想這合邏輯嗎？

小資金請不到高手做代操，願意幫小資金做代操的大多不是高手，真正有能力的投資贏家，實在是可遇不可求。

　　完全相信金融業人士的專業，等同繳交手續費與管理費，讓自己跟著另一個庸才的運氣一起浮沉，這種感覺很糟糕，但這的確是比跟單更簡便的投資方式。2012 年全球共同基金的規模已高達 26.8 兆美元，把資金交給金融專家做投資，已是非常普遍的做法，不需要否定它。不過，在自己還沒有找到足以信任的專家之前，還是回到老方法：分散投資部位，並且花些心思閱讀金融訊息吧。

莫忘初衷

總結　金錢與工作的價值

　　你我皮包裡的鈔票，只是一張花花綠綠的紙，本身並無價值，它只是交易的媒介。但是當下的社會，賦予了金錢過多意義：賺很多錢成了一個人成就的代名詞。人們把一生裡大量的時間拿來換取金錢，卻忘了金錢的本質：金錢能換到的商品與服務才有真正的價值。

　　想像一下，當你孤獨一人漂流到荒島時，所有的鈔票與金銀財寶瞬間變成廢物，這時食物、飲水、安全不受野獸侵襲的住所才是寶。如果荒島上只有兩個人，當你想要吃魚時，自己去海裡抓，並不需要金錢，但如果你想請島上另一個人抓魚給你吃，你就必須提供他想要的東西做交換。如果他不想要錢，錢就沒有用。金錢最偉大的功能，是簡化了交易的流程，但人們如果沒有互動的需求，就不會有交易發生，金錢就不需要存在。

　　身處在一個有 70 億人的社會裡，「我能賺很多錢」的本質，應該等於「我能服務很多人，提供很多人想要的物品」。比爾 • 蓋茲能成為全球首富，是因為他發明的 Windows 系統，

讓數十億人的工作變得更有效率。郭台銘能賺大錢，是因為他創造的企業製造了好用的設備，並且在製造的過程中養活了數十萬個家庭。金錢妥善的定義出人們什麼樣的互動互助行為，對整個社會更有利！別把賺錢視為自私、銅臭味濃厚的行為，工作賺錢，就是參與社會，服務人群，讓社會更順利運轉的最佳途徑。

那些追求「財務自由，提早退休」的傢伙，根本是在鼓吹米蟲價值觀！

投資並不是賺偏財，金融市場有發現價格的功用。天氣異常造成穀物價格飆漲，糧食高價會讓全球數十萬農夫盡快擴大耕種增產，防止未來飢荒發生。虛擬實境（VR）看起來前景光明，人們追捧相關股票，會讓這個領域的創業籌資變容易，投入研發與創新的人大增，加速 VR 實用化。面板相關股票跌得慘烈，這告訴人們不該投入更多資源，造成更嚴重產能過剩。全世界的資訊千變萬化，但正因為有成千上萬的投資人不斷研究資訊，分析混沌不明的前景，因此實體經濟才能做出更好的資源分配。猜對未來的投資人，能獲得豐厚的報酬是理所當然的，因為他替全球降低了巨大的資源錯置浪費！

　　要成為成功的投資人，不但需要專業知識及敏銳的判斷能力，還需要耗費大量的時間蒐集資訊。投資根本不該是全民運動，在全球人口裡，完全不做投資的人比例超過 7 成，富裕國家如德國、日本、瑞士、北歐等，做投資的人比例更低。這些國家的人民，靠自己其他的專長，同樣能賺到財富，讓自己的人生變得更美好。

　　投資跟小攤販煮一碗麵，賣給飢腸轆轆的客戶一樣，都是支撐這個社會運轉的正規職業之一。沒有任何一個職業是輕鬆的，每個職業都有特殊的專業職能，必須投入熱情與時間才能換得。投資是一個進入門檻非常低的職業，因此多數人誤以為把投資當副業，可以讓生活變得更好，事實不然！投資易學難精，把相同的時間花在自己的本業上，換得的報酬與成就往往會比放在投資上更好。把時間放在家人與朋友身上，生活或許會更美好，別忘了，賺錢不是人生目的，賺錢只是實現人生目的的手段之一。

　　看完本書後，您可以掩卷沉思：

A. 完全放棄投資，認真工作，沒花完的錢就存起來，有需要時再花掉。

B. 花一點點時間了解金融市場與工具，採用被動投資賺取平庸的收益，讓投資不影響自己的人生，但偶爾能帶給自己小小的驚喜。

C. 認清投資世界的真面貌，給自己一段有限的時間嘗試，了解自己是否適合在投資領域成為頂尖的 1% 族群。

D. 背水一戰！投入人生所有的時間、資源與精力，想辦法成為金融市場存活的贏家。

　　這四條路沒有對錯或好壞之分，只要想清楚自己要什麼，才能讓自己選擇的投資之道替人生加分！

跋

探究寫作本書的原因，來自於我幹過證券營業員與理專約六、七年的時間，認真執行投資與賭博十餘年，鑽研過各式各樣投資分析理論，開課教過投資人，與投資老手溝通交流，也開課教過完全沒做過投資的學生。

而長期身在財經網站觀察流量、點閱率與廣告設計，我親身設計過以找尋投資標的為目標的軟體，也設計過以吸引流量點擊為目標的網頁與產品。

我同時擁有金融業與媒體業的實務經驗，因此，我期許自己能帶領讀者朋友在探索投資之道的過程中，少一些試誤學習的損耗，並且降低落入投資陷阱的機率。

林洸興

高寶書版集團
gobooks.com.tw

致富館 RI300
看新聞做投資，當自己的分析師

作　　　者　林洸興
總 編 輯　陳翠蘭
編　　　輯　洪春峰
校　　　對　洪春峰、葉惟禎
封 面 設 計　林政嘉
排　　　版　彭立瑋

發 行 人　朱凱蕾
出　　　版　英屬維京群島商高寶國際有限公司台灣分公司
　　　　　　Global Group Holdings, Ltd.
地　　　址　台北市內湖區洲子街 88 號 3 樓
網　　　址　www.gobooks.com.tw
電　　　話　（02）27992788
電　　　郵　readers@gobooks.com.tw（讀者服務部）
　　　　　　pr@gobooks.com.tw（公關諮詢部）
電　　　傳　出版部　（02）27990909　行銷部　（02）27993088
郵 政 劃 撥　19394552
戶　　　名　英屬維京群島商高寶國際有限公司台灣分公司
發　　　行　希代多媒體書版股份有限公司 /Printed in Taiwan
初 版 日 期　2016 年 2 月

國家圖書館出版品預行編目（CIP）資料

看新聞做投資，當自己的分析師 / 林洸興著 .-- 初版 .--
臺北市：高寶國際出版；希代多媒體發行, 2016.02
面；公分 .--（致富館；300）

ISBN 978-986-361-230-8（平裝）

1. 投資學 2. 投資技術 3. 投資分析
563.5　　　　　　　　　　　104022937